Hoffnung

Nermin Ismail

über
morgen

Hoffnung

Nermin Ismail

Für die Hoffenden. Auf dass die Hoffnung ihr stetiger Begleiter ist und sie niemals verlässt.

Für meine Mutter Azza El-Sondosy Ali.
Die Person, die mich lehrte zu hoffen.
Der Grund dafür, dass ich niemals aufgeben werde.

Für meinen Vater Hassan Galal Ismail.
Den Menschen, der mir immer Hoffnung gibt.
Der Grund dafür, warum ich immer das Gute im Menschen sehe.

Und für all jene in meinem Leben, die mir Mut machen, mir Gutes zusprechen und an mich glauben. Denn das ist es, was ich brauche, um die Hoffnung niemals zu verlieren.

Für jeden Menschen, der bereit ist, das Menschsein in den Vordergrund zu stellen, um Gemeinsamkeiten zu erkennen und sich gegen jede Form von Hass zu stellen. Weil die Liebe für die Hoffnung unverzichtbar ist.

Für jeden Menschen, der anderen ermöglichen will, zu hoffen.

Für jeden von uns, der hoffte, enttäuscht wurde, aber dennoch weitermacht.

Für die Hoffnungslosen. Auf dass sie die Hoffnung wiederfinden, leben und weitergeben.

Für Dich.

Inhalt

Prolog

„Vielleicht gibt es schönere Zeiten, aber diese ist die unsere."
Jean Paul Sartre

Gäbe es die Hoffnung nicht, würden Sie dieses Buch jetzt nicht in Ihren Händen halten. Denn ich hätte schon viel früher aufgegeben. Vielleicht schon damals, als meine Deutschlehrerin verwundert darüber war, dass ich es überhaupt ins Gymnasium geschafft hatte. Sie war davon überzeugt, dass ich nicht hierhergehörte. Meine Deutschnoten waren schlecht, vor lauter Angst, einen Artikel falsch zu sagen, verstummte ich irgendwann und traute mich nicht mehr zu sprechen. Erst Jahre später, als ich einen Deutschlehrer bekam, der mich zu fördern wusste, begann ich an Selbstbewusstsein zu gewinnen, zu sprechen, ich selbst zu sein und zu mir zu stehen.

Oder vielleicht hätte ich aufgegeben, als mir nach meinem Schulabschluss ein anderer Lehrer sagte, dass es nicht so einfach sei, die unzähligen Träume, die ich damals schon hatte, zu verwirklichen. Weil ich so heiße, wie ich heiße, so aussehe, wie ich aussehe, mich kleide, wie ich mich kleide. Eine Konfrontation mit der harten Realität, mit den Ungerechtigkeiten, die ich bis dahin noch nicht ausreichend kannte und bis heute nicht hinnehmen will. Ich würde mir selbst meinen Weg verbauen, wurde mir gesagt. Als sei nicht die Gesellschaft rassistisch und diskriminierend, sondern ich nicht bereit, mich anzupassen.

Oder vielleicht hätte ich am Anfang meiner journalistischen Karriere aufgegeben, als ein Kollege erstaunt feststellte, dass ich die Einzige im Haus bin, die ein Hijab trägt, aber keine Putzfrau ist. Oder in einer anderen Redaktion, in der mir nicht geglaubt wurde, dass Deutsch die Sprache ist, mit der ich journalistisch arbeite, und nicht Türkisch oder Arabisch.

Aber ich ließ mir die Hoffnung nicht nehmen. Ich hoffte weiter. Darauf, zu werden, wer ich sein möchte, zu sein, wer ich bin und meinen Weg selbst wählen zu können und selbstbestimmt zu leben. Ich hoffte, Ungerechtigkeiten aus dem Weg zu räumen. Ich hoffte, dass wir alle die Chancen bekommen, die wir verdienen. Ich hoffte, dass jedes Kind, egal, wo es aufwächst, frei ist in seinen Entscheidungen, sich entfalten kann und nicht ständig eingeschränkt wird, weil es die „falsche“ Hautfarbe, die „falsche“ Herkunft hat oder den „falschen“ Namen trägt. Ich habe nicht aufgegeben, weil ich an mich und an das, was ich machen wollte, glaubte. Ich hoffe weiterhin darauf, mit meiner Arbeit jenen eine Stimme geben zu können, die selten gehört werden. Ich hoffe weiter darauf, Stück für Stück für mehr Gleichberechtigung und Diskriminierungsfreiheit in unserer Gesellschaft zu sorgen. Ich hoffe weiter, Vorurteile abzubauen und das Gemeinsame hervorzuheben, sodass wir uns stets als Menschen begegnen, einander unterstützen und die Hoffnungen des jeweils anderen stärken können, ohne Angst zu haben, selbst nicht hoffen zu dürfen.

Und ja, es waren die Putzfrauen beim Österreichischen Rundfunk, die mir tagtäglich Hoffnung gaben. Die mich mit großen Augen ansahen und in gebrochenem Deutsch sagten: „Du arbeiten hier? Super! Ich stolz. Mashallah!“ Als würden sie sagen: Wir haben es nicht geschafft zu tun, was wir gerne täten in dieser Gesellschaft, aber dafür schafft ihr es, die neue Generation. Es waren die ägyptischen Taxifahrer, die mich zu meinen Nacht- und Frühdiensten fuhren und mir erzählten, wie glücklich und zuversichtlich sie sind. Einer begann, mir von seinen eigenen Träumen und Hoffnungen zu erzählen. „Als ich jünger war, noch in Ägypten, wollte ich Nachrichtenmoderator werden. Aber das Leben wollte es anders. Es gab keine Perspektive. Ich bin hergekommen, um Zeitungen zu verkaufen, Blumen zu verkaufen. Damit ich studieren und heiraten kann. Aber die Umstände erlaubten es nicht. Aber meine Kinder studieren jetzt." Er hoffte, seine Tochter, sein Sohn würden eines Tages ihre eigenen Träume leben können. Ohne Kompromiss.

Hoffnung als Privileg

Jeder von uns hat ganz individuelle Sehnsüchte, Wünsche, Träume, Ziele. Aber gibt es etwas, worauf wir alle hoffen? Unabhängig davon, wo wir herkommen, wie wir heißen oder aussehen? Ich habe durch meine Arbeit als Journalistin mit so vielen unterschiedlichen Menschen gesprochen, bin um die Welt gereist. Auch deswegen ist diese Frage für mich ziemlich einfach zu beantworten: Wir wollen glücklich sein. Ein gutes Leben führen. Kein Mensch würde dieser Aussage widersprechen. Auch wenn sich unsere Definitionen von Glück nicht eins zu eins decken werden, so gibt es bestimmte Bedürfnisse, die wir alle haben und ohne deren Erfüllung wir nicht glücklich sein können. Denn ganz egal, wie unsere Biografien aussehen, welche Sprachen wir sprechen und welchen Bildungsstatus wir haben: Wir sind Menschen. Eine Tatsache, an die in Zeiten von doppelten Maßstäben, Populismus, Ausgrenzung und Extremismus immer wieder erinnert werden muss. Eine Tatsache, die uns zusammenbringt und verbindet. Wir sind Menschen, die in Sicherheit und Frieden leben wollen, lieben und geliebt werden, Anerkennung finden und frei und selbstbestimmt leben wollen.

Sicherheit, Freiheit und Liebe sind Grundbedürfnisse, die wir haben und die uns alle einen. Gleichzeitig sind es auch Privilegien, die wir teilweise als selbstverständlich erachten. Privilegien, die wir erst dann, wenn wir sie missen, als solche erkennen und verstehen, wie reich wir gewesen sind. Wenn wir wie in der Coronakrise unsere Bewegungsfreiheit einschränken müssen, um uns selbst und andere zu schützen, wird uns klar, wie wertvoll unsere Grundrechte sind. Dann setzen wir uns vielleicht eher für andere ein, die diese Rechte nicht haben. Vielleicht, weil sie einer Minderheit angehören, die Diskriminierung erfährt. Oder weil sie an einem unsicheren Ort leben, an dem sie täglich um ihr Leben bangen müssen. Wenn wir Menschen begegnen, die aus ihrer Heimat flüchten mussten, weil dort Krieg ausgebrochen ist, wenn Eltern nicht garantieren können, dass ihre Kinder unversehrt bleiben können, verstehen wir, dass ein Leben in Frieden ein Privileg ist, auf das wir keinen alleinigen Anspruch haben, das wir verteidigen und für andere ermöglichen müssen.

Hoffnung an sich ist universell. Wir können ohne Hoffnung nicht leben. Weil sie es ist, die uns bei Enttäuschungen und Rückschlägen nicht verzagen lässt. Vor allem die Pandemiezeit hat gezeigt, wie vergänglich und fragil unsere Welt und unsere Systeme sind. Die grundsätzliche Endlichkeit und Unvorhersehbarkeit des Lebens müssen wir akzeptieren. Mir persönlich haben die vergangenen eineinhalb Jahre gezeigt: Nichts ist wichtiger als gute, funktionierende Beziehungen. Und dass wir Menschen um uns haben, die uns Mut machen, uns Halt geben und uns stützen. Sie können unsere Hoffnung sein. Wenn wir auf diese Kontakte verzichten müssen, ist das eine sehr schwierige Situation für uns, denn wir brauchen einander. Die Coronakrise hat nicht nur manche Missstände sichtbar gemacht, sie hat viele sogar verstärkt. Ob es die schlechten Bedingungen in der Sorgearbeit sind, die soziale Ungerechtigkeit oder die patriarchalen Strukturen, die bis heute Frauen systematisch benachteiligen. Klar ist jedenfalls: Wir haben noch nicht die gesellschaftlichen Bedingungen geschaffen, die allen Teilhabe und faire Behandlung ermöglichen. Es stellt sich die Frage: Wessen Aufgabe ist es denn eigentlich, uns Hoffnung zu geben? Ist es die Politik? Ist es unser Umfeld oder ist es eine Idee, ein Glaube – oder etwas, das aus uns selbst kommen muss?

Hoffnung als Chance

Es scheint, als wäre dieser Moment, die Zeit, in der wir gerade leben, die schwierigste Zeit, um über die Hoffnung zu sprechen. Wir leben in einer Zeit voller Krisen. Krisen, die wir gemeinsam bewältigen müssen. Die Erderwärmung muss gestoppt werden, ein Virus muss bekämpft werden, dem Extremismus jeder Art muss entschieden und auf mehreren Ebenen entgegengetreten werden, genauso wie dem Rassismus und dem Hass. Von individuellen Krisen ganz zu schweigen. In einem Alltag, in dem sich viele von uns allein gelassen fühlen, kann die Hoffnung auch mal schwinden.

Doch aus jeder persönlichen oder politischen Krise ergeben sich noch nicht betretene Wege. Und aus jeder Situation, die als das Ende betrachtet wird, entsteht neue Kraft.

Das Cover dieses Buches ziert eine Brücke. Für mich symbolisiert diese Brücke die Hoffnung. Die Hoffnung auf das Finden und die Erreichbarkeit der eigenen Ziele, Bedürfnisse und Träume. Die Hoffnung auf ein Ankommen. Unsere Hoffnungen verbinden uns miteinander, so wie die Brücke zwei Orte verbindet. Gleichzeitig verbindet sie uns mit uns selbst. Die Brücke ist das, was uns trägt, wenn es nicht einfach ist, wenn der Weg, den wir zu beschreiten haben, noch lang ist. Die Brücke kann auch die Hoffnung selbst sein. Sie ist zwar stabil, kann aber auch ins Wanken geraten, wie unser Glaube daran, dass unsere Situation in der Zukunft eine bessere sein wird. Sie ist eine Stütze, die vielen Belastungen standhält. Manche Brücken brauchen eine gewisse Spannung, damit sie überhaupt stehen. Auch wir müssen in gewissen Situationen Spannung aushalten können, damit wir wachsen können. Wie die Brücke unter Spannung steht, stehen auch wir mal unter Spannung, sind verängstigt und gestresst. Oft weil wir eine Vorstellung von unserem Leben haben, Pläne und schmieden und daran festhalten, wie das Leben auszusehen hat. Doch nach und nach erfahren wir: Es läuft nicht alles so einfach und reibungslos ab wie in unserer Vorstellung. Wie sehen ein: nicht jede Familie ist glücklich, nicht jede Beziehung muss funktionieren, nicht jeder Job ist erfüllend, nicht jede Person, der wir begegnen, wohlwollend. Manchmal liegen uns Steine im Weg. Wir geraten in Panik, neigen dazu, die Hoffnung zu verlieren. Um dann aber zu erkennen, sobald wir den Schock überstanden haben: Es geht weiter. Trotz allem. Wir begreifen im Nachhinein oft: Diese Herausforderung habe ich gebraucht, diese Schwierigkeit war wichtig, denn nur so bin ich zu dem Menschen geworden, der ich heute bin, und nur so konnte ich zur Hoffnung zurückfinden.

Hoffnung begleitet mich schon ein Leben lang. Und Gott sei Dank ist es so. Aber ich habe mich noch nie mit der Hoffnung so intensiv auseinandergesetzt wie jetzt. Als ich anfing, mich mit der Hoffnung zu beschäftigen, stellte ich mir die Frage: Worauf hoffen wir? Und was brauchen wir, um hoffen zu können? Ziemlich rasch kam ich auf drei Begriffe: den Frieden, die Freiheit und die Liebe. Egal, mit wem ich über meine Gedanken sprach, traf ich auf Zustimmung. In Frieden und sicher leben, frei und selbstbestimmt sein, Liebe und Solidarität erfahren: Was macht dies mit unserer Hoffnung? Ich will herausfinden, was die Hoffnung *mit uns* macht und wie der Zustand der Hoffnungslosigkeit aussieht. Ich versuche Antworten zu finden, auch auf die Frage: Wie können wir unsere Hoffnungen als Gesellschaft gegenseitig stärken – und welche Verantwortung tragen wir füreinander?

Wenn wir bedenken, dass alles vergänglich ist. Nichts unendlich ist. Die einzige Konstante die Veränderung ist. Dann müssen wir eine Entscheidung treffen: Wollen wir uns den negativen Entwicklungen, den schlechten Nachrichten, den Herausforderungen ergeben und unglücklich sein? Oder wollen wir in jeder Krise, in jeder Schwierigkeit und in jeder Situation, die uns nicht gefällt, eine Chance sehen, hoffen und etwas tun, damit morgen und übermorgen besser sein können und durch uns besser werden? Es ist unsere Verantwortung, darauf zu schauen, dass die Veränderung, die Entwicklung unserer Gesellschaft, stets eine positive ist. Und wenn es gar nicht weitergeht, hilft es, sich selbst und auch anderen zu sagen: Durchatmen! Es ist nur ein Kapitel. Das ist nicht die ganze Geschichte. Denn wie unsere Geschichte weitergeht, das bestimmen wir.

على هَذِهِ الأَرْض مَا يَسْتَحِقُّ الحَياة

„Auf dieser Erde gibt es, wofür es sich zu leben lohnt."

Mahmoud Darwish

Was Hoffnung ist

„Solang du nach dem Glücke jagst, bist du nicht reif zum Glücklichsein, und wäre alles Liebste dein. Solang du um Verlorenes klagst und Ziele hast und rastlos bist, weißt du noch nicht, was Friede ist. Erst wenn du jedem Wunsch entsagst, nicht Ziel mehr noch Begehren kennst, das Glück nicht mehr mit Namen nennst, dann reicht dir des Geschehens Flut nicht mehr ans Herz – und deine Seele ruht.“

Hermann Hesse, Glück

Über Hoffnung sprechen

Meine Reise auf der Suche nach Hoffnung beginnt bei unserer Sprache. Die Hoffnung aufgeben. Hoffnung schöpfen. Die Hoffnung stirbt zuletzt. Guter Hoffnung sein. Nicht nur in Sprichwörtern und Redewendungen, auch im Alltag taucht der Begriff Hoffnung immer wieder auf. Das Hoffen ist in unserer Sprache fest verankert. Bis ins fünfte Jahrhundert war die Wurzel des Wortes, der griechische Begriff *elpis,* keine positiv konnotierte, sondern eher eine neutrale Erwartung. Mit der Verbreitung des Christentums bekam das Wort auch seine positive Bedeutung, denn die Hoffnung wurde zur herbeigesehnten Verheißung. Später gelangte das Wort sowohl in seiner neutralen als auch in seiner positiven Färbung vor allem durch die Theologie und die Philosophie in die Alltagssprache. Heute verstehen wir unter Hoffnung etwas eindeutig Positives, meist hoffen wir auf das Gute und nicht auf Schlechtes oder moralisch Verwerfliches. Wir hoffen auf das Eintreten erwünschter Zustände, Ergebnisse etc.[1] Seinen Ursprung hat das Wort *hoffen* übrigens im Mittelniederdeutschen *hopen* – vor Erwartung unruhig springen, zappeln – und diese Bedeutung sagt schon etwas über den Zustand eines Hoffenden aus.

Sprache schafft Wirklichkeit und hat einen großen Einfluss auf unsere Einstellung und unser Sein. Als ich anfange, mich mit dem Thema Hoffnung auseinanderzusetzen, fällt mir auf, wie oft ich das Wort verwende und wieviel ich theoretisch hoffe. Ich hoffe, den Zug zu erwischen, gesund zu werden, jemanden wiederzusehen. Ich entscheide mich, mich mit der Linguistin Ruth

Wodak über das Hoffen in der Sprache zu unterhalten. Sie sagt, die Bedeutung der Hoffnung ist immer kontextgebunden. Mit unserem Sprachverhalten vermitteln wir Gefühle, bestimmte Bilder und Inhalte. „Hoffnung geben kann heißen, Menschen auf etwas Positives einzustimmen. Was aber gerade für diese Menschen in dieser Situation positiv ist, kann für jemand anderen weniger positiv sein. Den Kontext muss man mitbegreifen", so Wodak. Hoffnung zu vermitteln und Hoffnung zu schöpfen bedeutet, sich aus dem Alltag heraus etwas anderes vorstellen zu können, zu erkennen, dass eine potenzielle Auswahl vorliegt. Das bedeutet auch, dass man aktiv und initiativ werden kann, um nicht in einem Zustand der Angst oder Verzweiflung zu verbleiben und sich um etwas anderes zu bemühen.

Um die Hoffnung besser zu verstehen, lohnt es sich, verwandte Begriffe wie etwa die Utopie oder die Erwartung anzusehen. Während die *Erwartung* von einer relativ hohen Wahrscheinlichkeit ausgeht, schätzt die *Hoffnung* das Eintreffen eines Ereignisses als eher unwahrscheinlich ein. Tritt das Erwartete nicht ein, folgt eine Überraschung, anders als beim Erhofften. Die Utopie, ein „Nicht-Ort", trägt eine noch größere Unwahrscheinlichkeit zum Eintreffen einer Vorstellung in sich als die Hoffnung. Die *Utopie* ist nämlich nicht nur unwahrscheinlich, sondern sogar unmöglich wie ein Traum.

„Hoffnung per se ist ein Abstraktum. In der konkreten Verwendung kann sie verschiedene Bedeutungen haben und auch unterschiedlich instrumentalisiert werden." Sprachwissenschaftlerin Wodak sieht in der Hoffnung ein Gefühl dafür, dass eine Veränderung möglich ist, allerdings spezifisch fokussiert und nicht, wie der Optimismus, ein allgemeiner Zustand ist.

Das Hoffen richtet sich zwar meist auf das erwünschte Erwarten in der Zukunft, aber nicht nur. Ich kann hoffen, dass etwas, das bereits geschehen ist, dessen Ergebnis aber noch aussteht, gelungen ist. Vorausgesetzt ist das Unwissen in Bezug auf das Geschehene. Beispielsweise wenn ich bereits eine Prüfung geschrieben habe, hoffe ich danach, sie bestanden zu haben.

Hoffnung analysieren

Anders als in der Philosophie und Theologie, wo die Hoffnung seit zwei Jahrtausenden eine bedeutende Rolle spielt, beschäftigte sich die Psychologie lange Zeit nicht explizit damit. Erst im 19. Jahrhundert widmet sich Sigmund Freud den Wünschen, die sich in Träumen erfüllen. Lange Zeit wird die Hoffnung in der Sozialpsychologie im Bereich der Pflegewissenschaften untersucht. Psychologe Ezra Stotland definiert die Hoffnung als eine Erwartung eines Ziels, die größer als Null ist. C.R. Snyder betrachtet sie als mentale Brücke zu Zielen, die geträumt werden, aber sich in Zukunft ereignen werden.

Hoffnung wird mittlerweile als einer der wichtigsten Faktoren für Wohlbefinden, Erfolg und Resilienz verstanden. Nach Annette Schäfer (2009) sind hoffnungsvolle Menschen selbstbewusster, konzentrierter und achtsamer als hoffnungsarme. Außerdem leiden sie weniger unter Ängsten und depressiven Verstimmungen. So haben Depressive laut Fred Lukas (1993) keine Hoffnung auf Veränderung. Viktor Frankl, der Begründer der Logotherapie, spricht sogar vom Phänomen des „Todes aus Hoffnungslosigkeit". Hoffnungslose haben eine negative Sicht auf sich, die Umwelt und die Zukunft, anders als Hoffende. Die Sicht auf die Ziele macht die Intentionalität der Hoffnung laut Snyder (2000) aus. Wer hoffnungsvoll ist, ist entschlossen, seine Ziele zu erreichen und glaubt daran, das zu schaffen. Hoffnung ist also eine gewisse Selbstkompetenz, weil sie das eigene psychische Wachstum beeinflussen kann.[2]

Es gibt viele Definitionen und Ansätze, was unter Hoffnung zu verstehen ist. Der Psychologe und Zukunftsforscher Andreas Krafft widmet sich dem Phänomen der Hoffnung an der Universität St. Gallen in der Schweiz seit Jahrzehnten. Er nennt wesentliche Faktoren des Hoffens, die in unterschiedlichen Disziplinen der Philosophie, Theologie, Psychologie vorkommen. „Hoffnung hat immer mit einem Wunsch zu tun. Es ist etwas, wovon wir denken, dass es *möglich* ist, auch wenn es nicht unbedingt *wahrscheinlich* ist. Wäre der Wunsch unmöglich, könnten wir nicht darauf hoffen", erklärt er im Gespräch, als die Sprache auf die Elemente der Hoffnung kommt. Außerdem ist die Unsicherheit ein Faktor, der die Hoffnung ausmacht, so Krafft. Das, was wir uns wünschen, ist entweder schwierig zu erreichen oder unsicher. Und das macht die nächste Komponente der Hoffnung unabdingbar: Das Vertrauen in sich selbst, in die eigenen Fähigkeiten und Ressourcen, aber auch in die eigene Kraft, diese Hindernisse überwinden zu können. Das Vertrauen umfasst auch den Glauben an andere Menschen sowie in (staatliche oder nichtstaatliche) Institutionen. Hier wäre auch die transzendente Bedeutung der Hoffnung einzuordnen. Wenn Menschen an eine übergeordnete Macht glauben, der sie vertrauen, dass sie alles richten wird, sind sie hoffnungsvoller. Zusammengefasst sind die Elemente der Hoffnung: der Wunsch, der Glaube an das Erreichen oder Verwirklichen dieses Wunsches. Die Unsicherheit, die sich durch Herausforderungen und Erschwernissen darstellt. Und das Vertrauen.

Bei der Recherche nach Hoffnungsexperten ist mir der Psychologe Andreas Krafft schnell aufgefallen. Mit dem „Hoffnungsbarometer" will er das Phänomen der Hoffnung so erforschen, wie es von Menschen erfahren wird, um Rückschlüsse auf seine Beschaffenheit ziehen zu können. Persönliche Hoffnungen, Aktivitäten zur Erfüllung der Hoffnung, Hoffnungsträger, das Hoffnungsniveau werden in seinem Erhebungsbogen abgefragt. Das Ergebnis: „Anderen Menschen helfen können", „religiöse und spirituelle Erfahrungen", „glückliche Familie, Partnerschaft" und „sinnvolle Aufgaben" sind laut dem Barometer signifikante Prädikatoren der Hoffnung. Bereiche wie Geld, Erfolg, Freizeit, Spaß mit Freunden, Sex und romantische Beziehungen sind weniger relevant. Zu den Aktivitäten, die Hoffnung geben, gehören das Übernehmen von Verantwortung, Motivieren der Familie, Vertrauen auf Gott, Gespräche mit dem Partner. „Eine zentrale Erkenntnis des Hoffnungsbarometers besteht darin, dass die wesentlichen Aspekte des Lebens sowohl die wichtigsten Ziele als auch die bedeutendsten Quellen von Hoffnung zu sein scheinen, was eine positive Spirale *(virtuous circle)* vermuten lässt und den Charakter von Hoffnung als Tugend hervorhebt."[3]

Über Hoffnung philosophieren

Ein weiteres Gespräch mit dem Wiener Philosoph Konrad Paul Liessmann soll mich der Hoffnung und ihren philosophischen Aspekten näherbringen. Liessmann spricht von zwei unterschiedlichen Konzeptionen der Hoffnung in der Philosophie, einer positiven und einer negativen Deutung. Paradigmatisch stehen dafür zum einen der dänische Philosoph und Theologe Sören Kierkegaard und zum anderen der deutsche Philosoph Ernst Bloch. Kierkegaard sah die Hoffnung kritisch, weil sie den Menschen dazu verleitet, sein Leben nach etwas auszurichten, das vollkommen unsicher ist. „Der hoffende Mensch lebt in der Zukunft und nicht im Hier und Jetzt. So wird er zum untätigen Menschen. Denn zu hoffen beginnt man dann, wenn alle Optionen verspielt sind und alle Möglichkeiten ausgeschöpft sind. In einer existenziellen Krise ist das eine verständliche Haltung, aber als Lebensform ist die Hoffnung eher hinderlich", so Liessmann. Dieses Verständnis von Hoffnung, das sich ausschließlich auf die Zukunft bezieht, hält davon ab, sich in der Wirklichkeit zu bewähren und die eigenen Vorstellungen durchzusetzen.

In einer ähnlichen Tradition betrachtete der Philosoph und Kulturkritiker Günther Anders die Hoffnung. Er bezeichnete sie als eine Form von Feigheit. Wer zu feige ist zu handeln, etwas aufs Spiel zu setzen und zu riskieren, der hofft. Erstarrt in der Erwartung des Zukünftigen.

Der große neomarxistische Denker des 20. Jahrhunderts, Ernst Bloch, prägt das Verständnis einer anderen, einer positiven Hoffnung mit seinem Werk „Das Prinzip Hoffnung". Anders als Kierkegaard betrachtet Bloch die Hoffnung als eine Sehnsucht des Menschen, als das Wissen, dass das, was ist, nicht alles ist. Bloch nennt es das „Noch-Nicht-Sein". Diese Vorstellung sagt uns, dass unsere Lebensverhältnisse nicht einzementiert sind und sich verändern können. Mit der Hoffnung verbindet er also einen Veränderungswillen, mit dem die Vorstellung zusammenhängt, wie es besser, schöner, anders sein kann. Während Günther Anders die Hoffnung als Feigheit bezeichnete, ist die Hoffnung bei Bloch eher ein Ausdruck für Mut. „Habe den Mut, nicht nur wie Immanuel Kant formuliert hatte, dich deines Verstandes zu bedienen, sondern auch die Wirklichkeit zu verändern", fasst es Liessmann zusammen.

Bei der Hoffnung nach Kierkegaard schwingt etwas Resignation mit, mit der Hoffnung Blochs ist es der Ruf der Möglichkeiten. Es kommt also darauf an, welcher Auslegung der Hoffnung wir uns annehmen wollen. „Wir brauchen vielleicht die Hoffnung, um überhaupt das Horizont des Lebens, in dem wir uns befinden, wenigstens hin und wieder der Idee nach überschreiten zu können", sagt Liessmann. Der Hoffende besitzt die Fähigkeit sich etwas Anderes auszumalen und muss sich nicht wie ein Pragmatiker mit der Realität arrangieren.

Individuell kann die Hoffnung auch eine letzte Möglichkeit bleiben, wenn alles andere ausgeschöpft ist. „Solange ich atme, hoffe ich", besagt ein lateinisches Sprichwort. Liessmann sieht darin folgende Bedeutung: „Solange es um etwas geht, solange sich noch irgendwie etwas verändern kann, wollen wir hoffen. Auch dann, wenn es so aussieht, als wären alle Möglichkeiten ausgeschöpft.“ Wenn wir nämlich eine Situation überblicken, sie beherrschen und klare Perspektiven haben, dann wissen wir, wie wir unsere Ziele und Wünsche realisieren, erklärt er. Befinden wir uns aber in einer Situation, die uns überfordert, in der wir relativ wenig beitragen können, dann brauchen wir die Hoffnung. Weil wir angewiesen sind auf Menschen, Einrichtungen, Instanzen, das Schicksal, den Zufall. „So gesehen ist Hoffnung immer schwankend zwischen Verzweiflung auf der einen Seite und dem Lebenswillen auf der anderen Seite“, so Liessmann.

Hoffnungsmüdigkeit würde erst dann beginnen, wenn ich nicht als Individuum beginne zu verzweifeln, sondern wenn eine gesamte Gesellschaft sich aufgibt, meint Liessmann. Historisch gibt es dafür aber kaum Beispiele. „Ob die Hoffnung den Mars zu besiedeln eine Hoffnung ist, die wir hegen sollten, darüber kann man streiten. Doch es ist eine tiefe Hoffnung, das Begrenzte hinter sich zu lassen, das Unbekannte aufzusuchen und aufzubrechen in die Weite. Auf der einen Seite hat die Gesellschaft so viele ungelöste Krisen und Probleme, von Armut bis Ungerechtigkeit, Krieg und Verfolgung, ökologische Zerstörung – und hat auf der anderen Seite nichts anderes im Sinn als Milliarden in Projekte zu stecken, die vielleicht einmal in ferner Zukunft ermöglichen, dass ein paar Astronauten auf dem Mars landen?

Da kann man vielleicht von irregeleiteten Hoffnungen sprechen", so Liessmann.

Claudia Blöser ist ebenso Philosophin und forscht zum Phänomen Hoffnung an der Universität Frankfurt. Für sie ist die Kombination aus Wunsch und Überzeugung das, was das Hoffen ausmacht. Dass ein Mensch sich etwas wünscht und gleichzeitig überzeugt ist, dass diese Sache möglich ist, auch wenn sie nicht sicher ist. Aus diesem Grund braucht es eine dritte Bedingung der Hoffnung, so die Philosophin. Sich mental Bilder des Erhofften vorzustellen, kann ein wichtiger Aspekt sein, um den Fokus darauf zu richten, dass das Vorhaben möglich ist und nicht darauf, dass es unwahrscheinlich ist. „Ich kam zum Ergebnis, dass es nicht zielführend ist, eine Definition der Hoffnung anzustreben. Die philosophischen Definitionsversuche beschreiben wichtige Aspekte der Hoffnung, aber kein Vorschlag scheint für alle Fälle von Hoffnung zu gelten. Es sind viele Vorschläge, die die Philosophie macht, die Aspekte beschreiben, aber sie müssen nicht für jede Hoffnung gelten. Ich plädiere dafür, vielmehr die Vielfalt des Hoffens anzuerkennen. Begriffe können unscharfe Grenzen haben. Wesentlich ist, dass Hoffnung eine Antwort auf Situationen ist, in denen wir an unsere Grenzen kommen. Wir hoffen auf etwas, was wir nicht sicher vorhersagen können und wovon wir nicht glauben, dass wir es mit unseren eigenen Kräften schaffen – an dem wir aber trotzdem alle festhalten wollen, weil wir es für gut halten. Wir hoffen auf das Unverfügbare, das sich unserem Wissen und unserer Kontrolle entzieht." Eine endgültige Definition der Hoffnung in der Philosophie gibt es also nicht. Je nach Ausgangslage, Verortung, Sozialisierung, Kultur ändert sich das Verständnis der Hoffnung unweigerlich.

Über Hoffnung politisieren

Geht man von einem breiten Verständnis der Politik aus, ist alles politisch. Auch unser Hoffen. „Hoffnung kann nur im gemeinsamen Handeln und im Miteinander entstehen und realisiert werden", sagt die Politologin Birgit Sauer. Sie bezieht sich dabei auf die politische Denkerin Hannah Arendth, die Bedingungen formuliert hatte, wie demokratische Strukturen gewaltlos funktionieren können. Arendt forderte das Reden eindringlich, um gemeinsam handeln zu können, zueinander Vertrauen zu gewinnen und dadurch Hoffnung zu schöpfen. Auch wenn die Hoffnung nicht explizit immer eine Rolle in der Politik spielt, ist sie wichtig. „Weil die Demokratie, die Selbstherrschaft des Volkes, ein Versprechen ist, das mit der Hoffnung verbunden ist", so Sauer. Die Hoffnung auf ein Leben in Frieden, Sicherheit und Selbstbestimmung, aber auch die Hoffnung auf Anerkennung, Mitbestimmung und Wohlstand. Gerade für liberale Demokratien und den Rechtsstaat sei die Vorstellung, dass Menschen hoffen dürfen, künftig gut zu leben, sehr zentral. Als Barack Obama 2009 zum Präsidenten der USA gewählt wurde, erwähnte er die Hoffnung in seiner Antrittsrede sogar mehrmals: „On this day, we gather because we have chosen hope over fear, unity of purpose over conflict and discord. (...) America: In the face of our common dangers, in this winter of our hardships, let us remember these timeless words. With hope and virtue, let us brave once more the icy currents, and endure what storms may come."

Von hoffnungsvollen Visionen, wie unsere Gesellschaft aussehen kann, lebt auch heute noch die Politik. Während christliche Parteien religiöse Visionen in den Mittelpunkt stellen, haben Sozialdemokraten die Utopie der Gleichheit entwickelt. Nationalistische Parteien aber leben von der Utopie einer einheitlichen Nation, die auf dem Exkludieren anderer basiert. Die Parteienforschung besagt seit den 1970er Jahren, dass die großen Parteien ihre Utopien verloren haben. „Rechte Parteien haben erkannt, dass die Sozialdemokratie keine Utopie mehr für ein besseres Leben für Menschen, die sich als Arbeiter identifizieren, entwickelt und haben deren Wähler abgegriffen. Viele Parteien sprechen heute von einer Erzählung statt einer Utopie. Das macht klar, dass Parteien etwas brauchen, was den Menschen einleuchtet. Es geht darum, Wahlen zu gewinnen und darum, was Menschen Hoffnung verschafft in einer Situation, die weltweit nicht viel Gutes verspricht, ökonomisch, gesundheitlich, sozial", so Sauer.

Die Politik und die Gesetze des Landes, in dem wir leben, können uns Hoffnung geben oder der Grund sein, warum wir hoffnungslos werden. Weil sie uns Ziele ermöglicht oder uns ihrer beraubt. Dabei sollte die Politik nicht nur ein Versprechen für die Zukunft schaffen, sondern auch Konzepte liefern, wie ein gutes, hoffnungsvolles Leben jetzt möglich sein kann. „Wenn wir Politik als das gemeinsame Organisieren des Zusammenlebens verstehen, ist sie klarerweise mit der Hoffnung verbunden. Sie beinhaltet nämlich auch das Anerkennen des Anderen als gleiches, freies Wesen. Liegt die Hoffnung nur in der Zukunft, ist das nach bestimmten Demokratievorstellungen nicht richtig, weil die Politik dann ein Versprechen enthält, das nicht einlösbar ist", so Sauer. Das Versprechen, das die Politik macht, woraus die Bürger Hoffnung schöpfen sollen, muss gegenwärtig erfüllbar sein und stellt eine demokratisierende Form des Zusammenlebens dar. Hoffnung ist somit zutiefst politisch.

Das macht nicht nur die Geschichte deutlich, auch aktuell können wir beobachten, dass bestimmte Gruppen auf bestimmte Dinge nicht hoffen dürfen. Wer was hoffen darf, kommt darauf an, inwiefern dieser Lebensbereich politisch geregelt ist. Geflüchtete dürfen sich nicht aussuchen, wo sie bleiben können, da haben Menschen aus der Mehrheitsgesellschaft oder mit einem europäischen Pass andere Voraussetzungen. „Wir sehen das jetzt in der Pandemie, wie unterschiedlich wir leben und hoffen dürfen“, erklärt Sauer. Hoffnungen sind auch deswegen immer politisch, weil Hoffnung ungleich verteilt wird, entlang den Achsen Nation, Rasse, Klasse und Geschlecht.

Die US-Literaturwissenschaftlerin Lauren Berlant nennt es *Cruel Optimism,* wenn Regierungen Hoffnungen und Optimismus wecken, diese Träume aber zunehmend unerfüllbar werden. Der Amerikanische Traum ist nicht nur hoffnungsvoll, sondern auch brutal und grausam, weil er für bestimmte Menschen niemals in Erfüllung gehen wird, argumentiert sie. Ein gutes Leben, in dem Wohlstand, Sicherheit, Geborgenheit sichergestellt sind, wird in neoliberalen Zeiten, in denen berufliche Aussichten breiter Bevölkerungsschichten zunehmend prekär erscheinen, immer unwahrscheinlicher. Berlant untersucht diese krisenhafte Zukunftsorientierung im westlichen Kapitalismus. Klassische Zukunftsszenarien, auf die viele Menschen hoffen, sind für immer mehr Menschen grausam, weil sie immer weniger realisierbar sind und weil die Fixierung darauf selbst zum Hindernis wird.

Hoffnung für alle

Im theologischen Sinn ist die Hoffnung etwas, das die Endlichkeit des Menschen überwinden soll, so Liessmann. „Säkularisieren oder transferieren wir diese Hoffnung, kann sie auf andere Bereiche übertragen werden. Dann muss mich nicht unbedingt Gott erlösen und zur Unsterblichkeit führen, sondern ich hoffe darauf, dass es die Technik oder die Medizin schafft." Während das die Hoffnung mancher Menschen sein kann, die ja auch zu Fortschritt führt, kann diese Vorstellung der Albtraum anderer sein. Günther Anders hielt an der Vorstellung eines Menschen fest, der auch für Fehler anfällig ist. Dass der Mensch ein perfektes Wesen wird, war eine Horrorvorstellung für Anders. „Die Hoffnung des einen ist die Katastrophe des anderen", fasst es Liessmann zusammen. Unsere Hoffnungen können und werden sich also nicht immer vereinheitlichen lassen.

Wie kann die eigene Hoffnung nicht im Wege der Hoffnung anderer stehen? Wie können wir als Gesellschaft es sogar schaffen, dass wir unsere Hoffnungen gegenseitig nähren und stärken? „Wir sollten darauf hoffen, das Zusammenleben der Menschen etwas besser zu koordinieren, als es zur Zeit der Fall ist. So dass die Zielvorstellungen der Menschen besser aufeinander abgestimmt sind. Denn wenn das nicht der Fall ist und man nicht bereit ist, zuzugestehen, dass der andere

Mensch andere Hoffnungen haben kann als ich und dass wir trotzdem auf einer Erde leben wollen, dann gibt es ein Problem“, erklärt Liessmann. Der große Kritiker der Hoffnung, Friedrich Nietzsche, beschrieb dieses Problem der Hoffnung als einen Kampf um die Durchsetzung. Dann bleibt nur der Wille zur Macht übrig – und es geht nur darum, wie ich meine Hoffnungen, meine Interessen, meine Weltanschauung gegenüber den anderen durchsetze. Es gibt aber die Hoffnung auf einen Gemeinsinn, der alle Menschen miteinander verbinden möge, eine inklusive Hoffnung, die dort aufhört, wo die Freiheiten anderer beginnen. „Tatsächlich voreinander Respekt zu haben, tatsächlich tolerant zu sein, die Unterschiede in einem Gemeinsamen zusammenzuführen, das nährt unsere Hoffnung“, so Liessmann.

Ob Hoffnung motiviert oder eher zur Passivität verleitet, hänge weniger von der Hoffnung selbst ab als viel mehr von anderen Einstellungen, so die Philosophin Claudia Blöser. Beispielsweise ob man erkennt, dass man etwas tun kann oder sollte. Dann kann Hoffnung das Handeln unterstützen, indem sie den Gedanken unterstützt: Ja, das kann klappen. Hätte man diese Hoffnung nicht, würde man resignieren, da man glaube, nichts ausrichten zu können. Der französische Philosoph und Vertreter des christlichen Existenzialismus Gabriel Marcel spricht dabei auch von einer „geduldigen Hoffnung“. Eine Hoffnung, die nicht dazu verleitet, in Panik zu verfallen oder in Aktivismus. Diese Art der Hoffnung kann einem vor Augen halten, dass es Möglichkeiten zu handeln gibt, diese aber nicht zwingend notwendig sind, sondern auch das Abwarten einen Wert hat. Beides sind Entscheidungen, auch wenn die Geduld als Passivität missverstanden werden kann. „Es ist eine gute Idee, beide Phänomene gemeinsam zu betrachten und zu sagen: Es ist eine gute Haltung zu hoffen und gleichzeitig anzuerkennen, dass die eigene Macht begrenzt ist und Geduld zu kultivieren, die einen von Aktivismus oder Panik abhält“, meint Blöser.

Im Grunde hoffen wir darauf, glücklich zu sein. Doch dieser Glückszustand des Einzelnen darf nicht auf Kosten anderer gehen, sondern muss in Harmonie mit der Moral sein. Im 20. Jahrhundert war das ultimative Objekt der Hoffnung für Ernst Bloch die freie gerechte Gesellschaft, für ihn erfüllte sich diese Hoffnung im Sozialismus. „Heute gibt es kein großes Objekt der Hoffnung mehr. Das ist heute absolut individuell, auch wenn jede Einzelhoffnung darauf zielt, das eigene Glück zu verwirklichen. Man könnte also beklagen, dass es in liberalen Gesellschaften keine gemeinsamen geteilten Hoffnungen mehr gibt, aber ich glaube, es ist gut, sich darüber auszutauschen und in diesen Diskurs zu kommen. Was hoffen wir eigentlich und was haben wir gemeinsam? Auch wenn ich nicht glaube, dass es darauf eine Antwort gibt“, so die Philosophin. Sie glaubt, dass wir auf das gute Leben hoffen. In der Philosophie umfasst das Glück, Moral und Sinn. Für Kant waren Objekte der Hoffnung Gerechtigkeit und Moral. Wir müssen nicht erst glücklich sein, wenn wir realisiert haben, wovon wir denken, es würde uns glücklich machen. Vielleicht können wir auch dem Leiden etwas Sinn abgewinnen und gleichzeitig auf ein gutes Leben hoffen. Wir müssen nicht erst in einer Beziehung mit einem Partner sein, wir müssen nicht erst diesen einen Job haben, diese Summe an Geld verdienen, eine bestimmte Anzahl an Follower haben oder einen gewissen Status erreichen, um glücklich zu sein. Wir bestimmen, was uns glücklich macht und was uns hoffen lässt.

Hoffnung sei omnipräsent, meint Liessmann im Gespräch. Wir tun oft nichts, weil wir hoffen, dass sich schon alles irgendwie regeln wird. „Vielleicht, um uns auch drüber hinwegzutrösten, dass wir wahrscheinlich ohnehin nicht viel tun können als Einzelne. Es ist aber auch ein Problem einer komplexen Gesellschaft, dass der Einzelne sich permanent überfordert fühlt und deshalb gar nichts anderes tun kann, als zu hoffen, dass es sich irgendwann wieder zum Besseren wenden wird.

Es zeigt sich, dass in historischen Phasen, in denen Gesellschaften das Gefühl haben, sie prosperieren und entwickeln sich gut, sie können Perspektiven eröffnen. Da wird wenig von Hoffnung die Rede sein, sondern da versucht man, sein Risiko zu kalkulieren. Hoffnung ist also auch ein Ausdruck dessen, dass viele Menschen das Gefühl haben, sie können aktuelle Probleme nicht mehr bewältigen", erklärt Liessmann. Ängste sind die Kehrseite der Hoffnung und ebenso ein Ausdruck von Erfahrungen, die uns das Gefühl geben, mit einer Situation nicht zurechtzukommen. Menschen, die Angst vor etwas haben, einer Krankheit, einer Krise, dem veränderten Weltklima, werden hoffen, dass es eine Gegenbewegung geben wird, dass sich die Politik, die Gesellschaft etwas einfallen lassen wird. Angst und Hoffnung sind wie Hoffnung und Erinnerung Geschwister in unserem Gefühlshaushalt. Der Mensch ist von diesen einander widersprechenden Emotionen geprägt.

Hoffnung erlebt aktuell ein Revival, meint Philosophin Claudia Blöser. „Mehr als vor der Krise erkennt man jetzt, wie wichtig es ist zu hoffen. Die Hoffnung trägt uns und wir brauchen sie, um Krisen zu überstehen. Vielleicht lernen wir aus dieser Zeit, hoffnungsvoller zu werden." Wenn Lebenswege scheitern oder viele Betriebe schließen müssen, können wir hoffnungslos werden. Dann wird die Solidarität zur gemeinsamen Aufgabe. Die Devise ist dann: Gut, dass es mir gut geht, aber was kann ich tun, damit es auch anderen besser geht?

Mir fällt auf, im Arabischen unterscheidet sich das Wort *Handlung* von dem Wort *Hoffnung* durch nur einen einzigen Buchstaben. Und das ist auch der wesentliche Aspekt, wenn wir Hoffnung von anderen Begriffen abgrenzen wollen. Während der Optimismus eine Situation beschreibt, die dazu einlädt, daran zu glauben, dass eine Sache gut ausgeht, ist es bei der Hoffnung anders. Bei der Hoffnung ist der Ausgang unbekannt und die Umstände sprechen eher dagegen, dass es gut ausgehen wird. „Wenn ich sage, es wird schon gut, dann muss ich nichts dafür machen. Aber wenn ich davon ausgehen muss, es wird nicht gut, dann muss ich etwas tun, ich muss mich mehr anstrengen. Ich bin dann nicht optimistisch, sondern ich hoffe. Weil ich glaube daran oder vertraue, dass es gut sein wird, dass es möglich ist, auch wenn es nicht wahrscheinlich sein muss.", meint Andreas Krafft.

Wer lebt, hofft. Aber heißt das im Umkehrschluss auch, dass wer nicht mehr hofft, nicht mehr lebt? Wie wir gesehen haben, ist das Hoffen keine Option, sondern eine Bedingung des Lebens. Unsere Hoffnungen können falsch, richtig, moralisch, amoralisch, ethisch, unethisch, vernünftig oder unvernünftig sein. Aber sie sind ein Teil von uns. Hört der Mensch auf zu hoffen, hört er auf, als menschliches Wesen zu existieren. Wir sind darauf angelegt zu handeln, weil Menschen Handlungswesen sind.

Sicherheit gibt Hoffnung

„All animals are equal but some animals are more equal than others."
George Orwell

Es ist selbsterklärend, warum Sicherheit und Frieden die Voraussetzungen für ein gutes Leben sind. Denn sie sind die Bedingungen des Lebens überhaupt. Steht unser Leben auf dem Spiel, tritt alles andere in den Hintergrund und es geht nur noch ums Überleben. Glück und die Erfüllung der eigenen Ziele und Träume sind dann kein Thema mehr. Ohne Sicherheit, ohne Frieden ist keine Entfaltung, keine Erfüllung möglich. Ein sicheres Zuhause, eine friedliche Umgebung, in der keine direkte oder indirekte, physische oder psychische Gewalt ausgeübt oder angedroht wird, ist das Um und Auf, um ein Leben führen zu können, das lebenswert ist. Ob auf privater, auf nationaler oder auf globaler Ebene, der Frieden und die Sicherheit des Individuums sind das Erste, was sichergestellt werden muss, damit Hoffen möglich ist. Sicherheit bedeutet im ursprünglichen Sinn „frei von Sorge". Das ist ein Zustand, den jeder Familienmensch, jeder Partner, jede Chefin, jedes Staatsoberhaupt erreichen will. Wer will nicht sorglos sein? Globale Risiken wie beispielsweise der Klimawandel stellen sowohl die persönliche Sicherheit als auch die Sicherheitspolitik von Staaten vor große Herausforderungen.

Hoffen auf Europa

2015 erlebte ich, was ein Krieg, aber auch die Flucht mit Menschen anrichten kann. Wie der Zustand der Menschen sein kann, denen das Privileg der Sicherheit und des Friedens nicht mehr gewährt ist. Ich empfing Menschen, die aus Syrien, Afghanistan, dem Irak, aus Libyen nach Österreich kamen. Ich übersetzte für Ärzte und Sanitäter aus dem Arabischen ins Deutsche in den Zelten des Roten Kreuzes und war für die Geflüchteten Ansprechpartnerin und Informationsquelle. Ich sah die Wunden, die der Krieg auf ihren Körpern hinterlassen hatte, aber auch in die seelischen Wunden konnte ich einen Blick werfen. Ich sah überforderte, überlastete Väter und Mütter, die nur das Beste für ihre Kinder wollten und auf ein Leben in Würde hofften. Ich wischte Tränen ab, nahm Frauen und Kinder in den Arm und wurde durch all diese Begegnungen so stark geprägt, dass ich mich entschloss, darüber ein Buch zu schreiben, Ausstellungen zu organisieren, das, was ich gesehen hatte, zum Thema zu machen, die Hoffnungen dieser Menschen weiterzutragen.

Ich ging einen Teil des Weges, den diese Menschen hinter sich gebracht hatten, mit und wollte herausfinden, wie ihre Route verläuft. Wann sie welche Entscheidungen treffen und welche Hoffnungen sie dabei begleiten. Mir wurde klar: Mit einem österreichischen Pass habe ich Privilegien, die sie nicht haben. Weil ich das Glück hatte, in Wien auf die Welt gekommen zu sein und nicht in Aleppo oder Rakka. Ja, wir sehen uns ähnlich, sprechen dieselbe Sprache, aber der Pass entscheidet über vieles. Mit der Nationalität entstehen und sterben Hoffnungen.

Besonders eine Station dieser Reise machte meinem Team und mir deutlich, dass wir die Qualen einer solchen Flucht niemals auch nur annähernd nachempfinden können: die Überfahrt von der Türkei nach Griechenland. Während Familien mit Kindern tausende Euros, ihr gesamtes Erspartes und möglicherweise noch viel mehr an Schlepper auszahlten, damit sie eine womöglich tödliche Fahrt mit einem untauglichen Boot antreten, konnten wir in einer leeren Fähre sitzen und wie Touristen die Aussicht genießen. Mich begleitete die Hoffnung, in Griechenland keine Leiche zu sehen. Die Familien, mit denen ich erst gesprochen hatte, sollten überleben. Auf Lesbos stand ich vor den Bergen von Rettungswesten, kaputten Schlauchbooten, Kleidung von Erwachsenen, Schuhen von Kleinkindern und fragte mich: Ist das das Europa, wo alle hinwollen, damit sie in Sicherheit und Frieden leben können? Ist das das Europa, das für Gleichheit, Menschenrechte und Gerechtigkeit steht?

Bestimmte Begegnungen aus diesem Jahr werden mir nie aus dem Gedächtnis weichen. Ein Mann, der in Nickelsdorf immer wieder auf und ab ging und die Schlange, in der alle aufgereiht waren, verließ. Er fiel mir auf, als ich auf einer Empore stand, ein Megafon in der Hand hielt und die Durchsage auf Arabisch machte: „Willkommen in Österreich. Wir befinden uns in Nickelsdorf, ungefähr eine Stunde von Wien entfernt. Sie sind in Sicherheit. Wenn Sie einen Arzt brauchen, gehen Sie zum Zelt des Roten Kreuzes. Dort werden Sie behandelt. Und weil so viele nachfragen: Es gibt hier leider kein W-Lan und keine Zigaretten. Es fährt Sie ein Bus nach Wien, dort werden Sie untergebracht und können Ihren Antrag auf Asyl stellen." Mir war wichtig zu erwähnen, dass die Menschen keine Angst haben müssen. Sie waren gerade aus Ungarn gekommen und hatten schreckliche Erfahrungen gemacht. Auch ich habe in Hegyeshalom selbst beobachten können, wie die Polizei die Menschen mit Schlagstöcken schlug, ihnen Angst einjagte und sie unmenschlich behandelte. Viele Geflüchtete waren verängstigt und hatten Schwierigkeiten loszulassen, zu vertrauen. Sie haben viel erlebt. Dieser junge Mann, der auf und ab ging, erschrak erst einmal, als ich zu ihm ging, um nachzufragen, was denn los sei. Im Gespräch fand ich heraus, dass er seine Tochter suchte. Er ging auf und ab und rief ihren Namen. Ich werde diesen Moment niemals vergessen, als ich ihn fragte, wo er sie das letzte Mal gesehen hatte und sich herausstellte, dass er sie im Meer das letzte Mal erblickte. Seitdem irrte er umher, folgte den Massen und rief ihren Namen. Ich erstarrte. Wie konnte ich ihm Hoffnung machen, an einem so trostlosen Ort bei einer so traurigen Wahrheit? Wie sollte er zu Hause anrufen, in Syrien, bei seiner Familie und seiner Frau? Wie sollte er ausrichten, dass er es geschafft hat, aber seine kleine Tochter nicht, für die er nach Europa kommen wollte, damit sie eine bessere Zukunft hat? Ich treffe in dieser Zeit viele Menschen, die sich wünschen, dass ich ihr Sprachrohr bin und ihre Stimme. Sie wollen gehört und nicht als Masse betrachtet werden, homogen, ohne Gesicht, ohne Geschichte. Ihre Hoffnungen sollen bekannt werden.

Enttäuschte Hoffnungen

Europa, der Ort, von dem Millionen von Menschen träumen, war nicht immer schon ein Ort des Friedens und der Freiheit. Nach zwei Weltkriegen war dieser Kontinent ein Trümmerhaufen. Nach dem Ende des Zweiten Weltkrieges und der NS-Herrschaft entstand dennoch die Hoffnung auf die Zukunft eines demokratischen Europas. Durch wirtschaftliche Kooperation sollten nationale Gegensätze überwunden werden. Die „Europäische Gemeinschaft für Kohle und Stahl" wird 1951 gegründet. Erst durch das gegenseitige Kennenlernen, Verstehen, durch Freundschaften konnte die Europäische Union zu einem Ort von Stabilität und Frieden werden. Aus diesem Europa, das ein gemeinsames Projekt der Friedenssicherung sein soll, wurde aber eine Festung. Die Festung Europa, die ihre Außengrenzen schließt, sich abschottet, legale Asylmöglichkeiten unmöglich macht. Ein Europa, das für Millionen von Menschen zu einem unerreichbaren Ort wurde. Menschen, die darauf hoffen, hier anzukommen, hier ihren Kindern Bildungschancen zu ermöglichen, hier ein würdevolles Leben zu führen. Viele schaffen es aber gar nicht erst so weit. Tausende sterben jedes Jahr beim Versuch, Europas Küsten zu erreichen. Seit 2014 waren es Schätzungen der UN-Organisation für Migration (IOM) zufolge 20.000 Tote auf der Mittelmeer-Fluchtroute. Sie sterben im Meer auf dem Weg nach Europa, aber wir sehen ihre toten Körper nicht. Wir verdrängen unsere Verantwortung für diese Menschen, die für eine Idee gestorben sind, die wir leben dürfen. Ein Leben in Sicherheit und Frieden. „Die Hoffnung des einen ist die Katastrophe des anderen", meinte der Philosoph Liessmann. Während bestimmte Politiker hoffen, die Grenzen dicht zu halten, hoffen Geflüchtete darauf, anzukommen, um ihre Hoffnungen zu realisieren.Dass das nicht immer geht, auch wenn die Flucht gelungen ist, zeigt das Beispiel Tareq Alaows. Er ist vor fünf Jahren aus Syrien nach Deutschland geflüchtet, engagierte sich in der Politik und wagte den Schritt zur Kandidatur zur Bundestagswahl. Seine Hoffnung: Menschen zu repräsentieren, die bisher keine Stimme haben, die Demokratie zu stärken und mitzugestalten. Ihn erreichen rasch Drohbriefe, Hassnachrichten von Menschen, die ihr Land „islamisiert" sahen und in ihm die „Bedrohung des Abendlandes". Rassistische Anfeindungen und Drohungen erschreckten ihn und seine Familie. Wieder mussten sie um ihr Leben fürchten. Es war nicht der Krieg, eine autoritäre Führung oder Milizen. Es war der Hass, der wieder einmal seine Wirkung zeigte. Tareq zog seine Kandidatur für die Grünen zurück. „Erbärmlich für die Demokratie", nannte der deutsche Außenminister Heiko Maas das Geschehen. Andere Politiker fanden es „hochgradig beschämend". Doch der Jurist Alaows musste an seine Sicherheit denken. Tareq kam nach Deutschland, weil er Schutz suchte. Für seine Hoffnung, sicher zu sein und beschützt zu werden, musste er seine Heimat verlassen. Heute muss er sich von der Hoffnung verabschieden, sich politisch engagieren zu können. „Nicht er ist gescheitert, wir sind es" kommentierte *Zeit Online*.

Die Entscheidung zu migrieren ist eine Entscheidung für ein zukünftiges Leben – und sie ist eine Hoffnung. Viele dieser Zukunftshoffnungen werden aber nicht erfüllt und enttäuscht. „Geflüchtete erfahren als besonders verletzliche Gruppe, dass die wohlhabenden Länder des Nordens oder Europas es sich so eingerichtet haben, dass das, was man als gutes Leben bezeichnet, nur auf eine kleine Gruppe von Menschen, die Staatsangehörige sind, beschränkt ist. Da müsste man ansetzen und da gibt es viel Kritik, dass diese Zugehörigkeit und das Knüpfen von Rechten und Privilegien daran, wie es sich im 19. Jahrhundert herausgebildet hat, nicht richtig ist und spätestens im 21. Jahrhundert redigiert werden muss. Weil sich die globalen Bedingungen verändert haben. Eine exklusive Formulierung von Menschenrechten ist problematisch", erklärt Politologin Birgit Sauer. Dieser Kampf sei noch nicht ausgefochten. Menschenrechte wie das Recht auf Zugehörigkeit, Anerkennung, Bildung können nicht durch einen Nationalstaat eingeschränkt werden. Wie die unterschiedlichen Bedürfnisse, Wünsche und Hoffnungen für alle Menschen gut realisierbar werden können, sei ein gesellschaftlicher Aushandlungsprozess, auf den sich Menschen einlassen müssten, so die Politologin.

Hoffnung als Überlebensprinzip

Vor 30 Jahren fand mitten in Europa ein grausamer Krieg statt. Die Katastrophe ereignete sich in Bosnien. Bis heute wurden nur wenige Schuldige verurteilt. Die allermeisten Täter sind weiterhin auf freiem Fuß.

„Nermin, ich bin hier! Komm runter, Nermin! Es gibt keinen Grund, Angst zu haben!“ Diese Worte sagte niemand zu mir. Aber sie berührten mich. Es waren die Worte eines Vaters an seinen Sohn am 11. Juli 1995. Ich hörte sie 24 Jahre später. Als ich vor wenigen Jahren bei einem Besuch in Bosnien in Srebrenica gewesen bin und diesen verzweifelten Schrei eines Vaters in einem Dokumentarfilm hörte, konnte ich meine Tränen nicht zurückhalten. Dieser Mann ist Ramo Osmanović. Vom Krieg abgemagert, kraftlos, wütend und verängstigt, ruft er über die Felder seinem Sohn zu, er solle aus seinem Versteck im Wald herauskommen. Er will seinen Sohn sehen. Er hat Hoffnung. Wenn er tut, was die Aggressoren von ihm verlangen, würden er oder sein Sohn überleben. Oder er würde seinen Sohn ein letztes Mal sehen. Die serbischen Streitkräfte filmen die Geschehnisse. Nermin zeigt sich, denn er hört die Stimme seines Vaters und möchte ihn sehen. Die vertraute Stimme macht ihm Hoffnung auf Sicherheit. Als er aufsteht und sich zeigt, wird er erschossen, Sekunden später sein Vater hingerichtet. Eine Statue in Sarajevo soll an Ramos Schicksal erinnern.

Seine Mutter Saliha Osmanović ist die Einzige, die zurückgeblieben ist, die den Krieg überlebt hat. Nur eine Woche davor hatte sie ihren jüngsten Sohn Edin begraben. Ihr Mann Ramo und ihr Sohn Nermin wollten durch die Wälder nach Tuzla fliehen, während sie mit anderen Frauen in einem Flüchtlingslager wartete. Sie hat sie nie wieder gesehen. Nur in einem Video, das ihre letzten Sekunden dokumentiert.

In Srebrenica wurden die schlimmsten Verbrechen begangen, die Europa seit 1945 gesehen hatte. Und die Welt wandte sich ab, als in unmittelbarer Umgebung ein Völkermord[4] verübt wurde. In den Tagen nach dem 11. Juli 1995, nachdem Ramo, Nermin und Edin getötet wurden und die serbischen Streitkräfte Srebrenica eingenommen hatten, wurden mehr als 8000 Männer und Kinder grausam ermordet. Insgesamt sind im Bosnienkrieg über 100.000 Menschen getötet worden. Zwei Millionen Bosnier wurden vertrieben. Diesen Tagen waren drei Jahre der Belagerung vorangegangen. Die Menschen waren müde, aber sie hatten Hoffnung, eines Tages zu ihrem eigentlichen, zum normalen Leben vor dem Krieg zurückkehren zu können. Die Vereinten

Nationen waren diejenigen, die ihnen Grund zur Hoffnung gaben. Philippe Morillon, der Kommandant der UN-Schutztruppen, versicherte den Betroffenen, dass die UN für die Sicherheit der Bevölkerung sorgen würde. Srebrenica wurde vom UN-Sicherheitsrat zur UN-Schutzzone erklärt. Diese Nachricht war das Licht in der Finsternis für Millionen Zivilisten. Sie sahen, es gibt eine Perspektive, die Welt hat uns nicht den Rücken gekehrt, wir sind gerettet. Aber es kam anders, wie Steve Crawshaw, ehemaliger Osteuropa-Korrespondent bei Amnesty International in London und heutiger Direktor des Büros des Generalsekretärs von Amnesty International, erzählt: „Als die bosnisch-serbischen Streitkräfte in Srebrenica einfielen, forderten die niederländischen Friedenssicherungskräfte der Vereinten Nationen Luftunterstützung an, die jedoch nicht gewährt wurde. Die Friedenssicherungskräfte diskutierten mit den Serben. Dann flohen sie. An den nun folgenden Tagen war die nunmehr schutzlose Bevölkerung den bosnisch-serbischen Streitkräften hilflos ausgeliefert. Diese gingen sehr gründlich vor: Als bei einer Massenhinrichtung einmal die Kamerabatterien leer waren, wurde das Morden so lange unterbrochen, bis man neue Batterien besorgen und weiterfilmen konnte."

Es sind die Videos, die Saliha später sehen konnte. Den Schmerz, den sie dabei verspürte, kann sie nicht beschreiben. Erst 2008 wurden die Leichen ihres Ehemannes und Sohnes gefunden. 2009 kehrte sie zu dem Haus zurück, wo sie einst zusammengelebt haben. „Es gibt bestimmt ein Leben nach diesem Leiden, aber es gibt keine Freude mehr“, sagt sie. Der 11. Juli ist immer, jedes Jahr aufs Neue, ein schwieriger Tag für sie, wie für viele weitere Hinterbliebene und Überlebende. Der Tag erinnert sie daran, dass die Welt zugesehen, sie im Stich gelassen hat. Die internationale Gemeinschaft ist ihrer Verantwortung nicht gerecht geworden. „Die Menschen, die sich aus ihren Verstecken wagten, wurden erschossen, gehängt oder gefoltert und dann zum Sterben zurückgelassen – manchmal mitsamt einer versteckten Sprengladung, um auch noch diejenigen zu töten, die ihnen zu Hilfe kommen wollten. Die Leichen wurden mit Bulldozern aufgehäuft und dann im Umland in Gruben gekippt“, erzählt Steve. Auch wenn die beiden Kriegsverbrecher Slobodan Milošević, der damalige Präsident der serbischen Republik, und Radovan Karadžić sich in Den Haag wegen Völkermord verantworten mussten, können Überlebende und Hinterbliebene wieder nach vorne sehen? Saliha Osmanović lebt immer noch in Srebrenica. An dem Ort, wo ihre gesamte Familie vor noch nicht mal 30 Jahren getötet wurde. Kann Hoffnung bestehen, dass der Hass nie wieder so groß wird, dass Menschen ihre Nachbarn töten, weil sie eine andere Religion haben, anders aussehen oder für nicht zugehörig erklärt werden? Wie kann darauf gehofft werden, wenn die eigene Vergangenheit nicht mit kritischem Blick betrachtet werden kann? Noch heute leugnet die Republika Srpska das Massaker von Srebrenica und den Genozid hartnäckig. Noch heute verweigert die serbische Seite Informationen darüber, wo die Leichen der muslimischen Minderheit vergraben sind. So werden Jahr für Jahr Massengräber entdeckt, Angehörige identifiziert und begraben. Wie soll es da möglich sein abzuschließen? Wie soll es da möglich sein, an demselben Ort zu leben, an dem all das geschehen ist?[5]

Diese Fragen habe ich einem Überlebenden des Massakers in Srebrenica, Nedžad Avdić, gestellt. Er lebt heute noch mit seiner Familie in Srebrenica, auszuwandern war für ihn zu keinem Zeitpunkt keine Option. Den Höhepunkt der systematischen Vernichtung aller Nichtserben aus vielen Gebieten in Bosnien-Herzegowina erlebte er selbst mit. Die Nacht des 14. Juli 1995 wird Nedžad Avdić vermutlich nie vergessen können, auch wenn er hofft, sie eines Tages vollständig verdrängen zu können. „Ich hoffte, schnell und quallos zu sterben", sagt er mir, als wir uns per Videogespräch unterhielten. Der heute 42-jährige Bosnier war damals nur 17 Jahre alt. Während er hoffte, schnell zu sterben, sieht er schon Tote vor sich liegen. Er wird zur Erschießung abgeführt und hat Angst, dass seine Mutter ihn nie findet, nie erfahren würde, wie und wo sein Leben ein Ende nahm.

Ein Gedanke, der ihm hilft, nicht aufgeben zu wollen, nicht sterben zu wollen. Seiner Mutter zuliebe wollte er überleben. Er wird in den Bauch, in ein Bein und in den Arm getroffen. Er liegt zwischen Leichen und wartet blutend auf den Tod oder darauf, dass ihn jemand rettet. Als ein Soldat kommt, um den Lebenden zusätzlich einen Schuss in den Kopf zu verpassen, liegt Nedžad und rührt sich nicht. Wie durch ein Wunder wird er übersehen. Stunden später spürt er in der Dunkelheit eine Bewegung und findet einen weiteren verletzten Mann. Sie binden sich die Hände los, schleppen sich in ein Gebüsch und beobachten, wie in den Morgenstunden die Leichen auf einen Lkw geladen und weggebracht werden. Nedžad wartet, bis keine Feinde mehr zu sehen sind, verbindet sich die Wunden provisorisch mit dem, was er findet und irrt tagelang durch die Wälder, bis er in befreitem Gebiet landet.

Nedžad ist einer von ganz wenigen Menschen, die eine solche Exekution überlebten und der Einzige, der darüber öffentlich spricht und immer noch am selben Ort lebt, wo all das passiert ist.

„Ohne Hoffnung kann man ohnehin nicht leben. Im Krieg, bei der Flucht, im Kampf ums Überleben oder auch heute“, sagt er, während wir über die Rolle der Hoffnung früher und jetzt sprechen. Bis zum letzten Moment hatten er und seine Familie die Hoffnung, es würde keinen Krieg geben. Sie versuchten immer alles positiv zu sehen und vertrauten darauf, dass es schon irgendwie gut ausgehen würde. Auch als sie ihr zu Hause verlassen mussten, dachten sie, sie würden bald wieder zurückkehren. „Um uns war nur absolute Dunkelheit. Kein Licht. Es gab kein Essen, keine Kleidung, einfach kein Leben. Wie hätten wir drei Jahre Krieg überleben sollen, wenn wir nicht gehofft hätten, dass es ein Ende geben wird und später alles besser sein wird. Wir haben gehofft, dass diese Dunkelheit nicht für immer bleibt“, erzählt Nedžad. Zu Beginn des Krieges war Nedžad erst 14. Niemals hätte seine Familie gedacht, in einer Belagerung leben zu müssen oder in einem Flüchtlingslager. Sein Vater wollte sie nicht nach Westeuropa schicken, er wollte, dass sie in der Heimat bleiben. „Er hat sein gesamtes Leben darin investiert. Ich habe meinen Vater zwar verloren, aber ich habe es nie bereut, dass ich diese harten Momente mit ihm verbracht habe. Ich bin froh, dass ich Srebrenica nicht verlassen habe, so wie mein Vater sich das gewünscht hat“, sagt er. Die Hoffnung des Vaters war es, über all die Jahre des Krieges, nach Hause zu können. Mit dieser Hoffnung starb er. Der Vater selbst verkörperte die Hoffnung für den Jungen damals. An eine Situation erinnert Nedžad sich ganz besonderes. Er hatte seinen Vater in der Menschenmasse auf der Flucht verloren, rief nach ihm und weinte. Er verlor die Hoffnung, weil er allein war und der Mensch, der ihm in all diesen schweren Stunden Hoffnung gab, war fort. „Wir wussten alle nicht, ob und wann wir uns wiedersehen würden. Daran denkst du, aber du sprichst es nicht aus. Du zeigst es nicht. Du machst einfach weiter und hoffst, es passiert nichts. Irgendwie fand ich immer die Kraft weiterzugehen. Oft dachte ich mir: Ein Hügel noch, danach finde ich bestimmt den Frieden, die Sicherheit." Nedžad erzählt, dass viele Menschen schon am Weg, auf der Flucht aufgaben, nicht weitermachen konnten. Manche haben sich das Leben genommen oder kapituliert, weil sie dachten, es sei ausweglos. Den Zustand der Hoffnungslosigkeit beschreibt der Bosnier als unerträglich.

„Ich weigere mich noch heute, mich als Opfer des Krieges zu betrachten, ich bin ein Kämpfer und Überlebender. Ich wollte rausgehen aus dem Krieg und leben, ich wollte die Hoffnung innerlich nicht aufgeben." Nedžad lebt heute mit seiner Frau und den gemeinsamen Kindern in Srebrenica. Ein großer Teil seiner Familie verließ das Land. Seine Mutter und Schwestern überlebten. Nach dem Krieg gingen sie nach Tuzla. Dort hat er die Schule besucht und Wirtschaft studiert. „Meine Mutter ist eine starke Frau. Auch sie lebte diese Hoffnung meines Vaters weiter, wir blieben in Bosnien und versuchten Normalität zu schaffen." Erst später entscheidet sich Nedžad, nach Srebrenica zurückzukommen. „So ist das Leben, wir planen etwas, aber es kommt ganz anders.

Ich wollte zurückkommen und hier weiterkämpfen für die Gerechtigkeit. Für mich ist das eine Therapie, um das Geschehene zu verarbeiten." Aber es gibt auch Momente, in denen er die Hoffnung verliert. Bestimmte Sachen bedrücken ihn. Wenn er hört, es sei alles nicht so schlimm gewesen. Die Opferzahlen seien übertrieben. Es habe keinen Völkermord gegeben. Leugner des Genozids und Sympathisanten der Kriegsverbrecher gibt es auch heute noch in Srebrenica. Ausgerechnet an dem Ort, wo Nedžad dem Tod entfliehen konnte, wird diese Tragödie relativiert oder gar bestritten. Problematisch ist, dass die Einstellung, die Nedžad in Srebrenica begegnete, kein Einzelfall ist. Nein, sie reicht bis hinauf in die Staatsspitze der Republika Srpska und Serbiens. Einen internationalen Skandal provoziert das nicht. Der Bürgermeister von Srebrenica selbst sei ein notorischer Völkermordleugner. „Ich bin erst im vergangenen Jahr auf einer Buchvorstellung gewesen, in der ein Autor aus einem Buch las, das den Genozid leugnet. Ich habe versucht etwas zu sagen, zu protestieren, aber ich wurde beschimpft. Das ist leider alltäglich. In einer Stadt, in der so viele Menschen ermordet wurden, vor nicht mal 30 Jahren ist das heute möglich. Wir haben hier die Gedenkstätte, ein Massengrab. Und dennoch wird geleugnet, dass dies geschehen ist. Der Armeeführer Ratko Mladić wird bis heute als Held gefeiert. Die Täter werden geehrt. Wie soll da Aufklärung stattfinden?" Seine

Familie, seine Kinder geben ihm Halt und Hoffnung. Er glaubt weiterhin daran, dass das Gute und das Leben siegen werden. Deswegen hat Nedžad sich entschieden, seine Geschichte zu erzählen, in Schulen zu gehen und selbst dafür zu sorgen, dass das, was passiert ist, nicht in Vergessenheit gerät. Mit seiner Schwester verfasste er ein Buch. Nach vielen Jahren war es möglich für sie, Worte für das zu finden, was sie durchlebt haben. Sie möchten den Krieg, die Flucht, die Vertreibung für alle, die das nicht erlebt haben, greifbar machen. Damit die Geschichte nicht verloren geht und damit so etwas Grausames nie wieder passiert.

„Manchmal merke ich, ich gebe mir so viel Mühe, aber ich sehe keine Ergebnisse. Wenn ich am nächsten Tag aufwache, spüre ich aber trotzdem eine Kraft in mir, die mich zwingt weiterzumachen und nicht aufzugeben. Die Menschen, die grundlos getötet wurden, dürfen nicht in Vergessenheit geraten. Sie müssen durch mich gehört werden. Sonst werden ihre Geschichten mit ihnen in den Massengräbern liegen und wir werden nichts daraus lernen."

Nedžad ist der Meinung, die Bereitschaft Hoffnung haben zu wollen, käme von innen. Er versuche immer, das Positive zu sehen, auch in den schlimmsten Situationen. Wenn man das Schöne suche, würde man es immer finden können. Und sei es nur das Lachen seiner Tochter, das ihn für einen Moment den Schmerz vergessen lässt. „Der Hass, der das, was in meiner Heimat geschah, möglich machte, darf heute nicht mehr existieren. Denn das, was hier vor 30 Jahren geschah, kann immer und überall passieren“, sagt Nedžad.

Hoffnung als Veränderungswille

Genau dieser Hass, der Nedžad beinahe sein Leben kostete und Tausenden die Hoffnung auf ein Morgen nahm, ist derselbe Hass, der neun junge Deutsche am 19. Februar 2020 aus dem Leben riss. Armin Kurtović stammt aus Bosnien. Die Familie verlor ihren 22-jährigen Sohn Hamza bei dem Terroranschlag in Hanau. Sie überlegten nach dem Anschlag nach Bosnien auszuwandern. Aber sie entschieden sich dafür, in Deutschland zu bleiben. „Wir bleiben und wir kämpfen. Dass Hanau die Endstation ist. Dass sich so etwas nie wieder wiederholt. Dass kein Vater erfahren muss, was ich erfahren habe“, sagte er in einem SWR3-Interview.

Ich habe zwar niemanden verloren, den ich persönlich kannte. Hanau traf mich aber wie ein Schlag ins Gesicht. In einem Land, das sich „Nie wieder!“ schwor, werden Menschen aufgrund ihrer Herkunft, aufgrund ihrer vermeintlichen Andersartigkeit getötet. Ja, es gibt Alltagsrassismus, ja, ich kenne ihn gut. Aber dass Rassismus unser Leben kosten kann? Das machte die Gefahr, die von Rechtsextremismus ausgeht, ganz spürbar. Ich habe vom Attentat gelesen und wollte meine Wohnung in Berlin nicht verlassen. Entschied mich an dem Abend mit einem Auto statt mit den öffentlichen Verkehrsmitteln zum Sport zu fahren. Mein Atem stockte. Ich fand sehr lange keine Worte dafür. Es hätte mein Bruder, meine Schwester, mein Freund, meine Cousine sein können. Der Schmerz ist groß. Auch beim Training lag etwas in der Luft. Wir alle wussten, was uns durch den Kopf geht. Aber am Tag selbst schaffte es keiner, es auszusprechen. Der 19. Februar wird mir immer in Erinnerung bleiben.

Neun Menschen werden erschossen. Weil der Hass so groß ist. Am falschen Ort, zur falschen Zeit. Wären Ferhat, Vili Viorel, Mercedes, Gökhan, Sedat, Kaloyan oder Fatih weiß, blond, blauäugig gewesen, wären sie heute nicht tot. Es traf Hamza trotz blauer Augen, heller Hautfarbe. Mustafa Tunc aber, ein Hanauer mit internationaler Geschichte, wird an diesem Tag nicht getötet. Er wird vom Täter nicht als „fremd" erkannt. Der Täter richtet seine Pistole gegen ihn und fragt „Ist was?", aber Mustafa schafft es nicht zu antworten, er hat Angst. Die anderen getöteten Hanauer haben dieses Glück in dieser Nacht nicht. Armin Kurtović sagt in einem Interview, hätten die Opfer andere Namen, würde anders mit ihnen umgegangen, denn der Rassismus endete nicht beim Tod seines Sohnes. Wie will man nach so einer Schandtat und dem behördlichen Versagen noch daran glauben, zu diesem Land zu gehören? Vor allem, nach-dem bekannt wurde, dass offenbar rechtsextreme Polizisten in der Tatnacht im Einsatz gewesen sind? Wie will man die Hoffnung nicht aufgeben? Als Überlebender, als Vater, als Mutter, als Bruder, als Schwester, als Freund oder Freundin der Opfer? Er habe die Lebensfreude verloren, erzählt einer der Überlebenden. Die Leichtigkeit, mit der er durchs Leben ging, ist für immer verloren. Es vergeht kein Tag, an dem er nicht an diese Nacht denkt und seine Freunde tot am Boden sieht.

Hanau hat etwas verändert. Auch für mich. Ich nehme Drohmails ernster. Ich habe zum ersten Mal die Nachrichten, die mich erreichen, seitdem ich in der Öffentlichkeit stehe, nicht mehr ignoriert. Ich schaue genauer hin und höre genauer zu, und mich begleitet die Angst, es könnte auch meine Liebsten treffen. Weil niemand sicher ist vor Hass. Der Ort, die Shishabar, war vom Täter nicht zufällig ausgewählt. Seit geraumer Zeit gibt es eine starke mediale und politische Aufmerksamkeit für das Thema Clankriminalität in Deutschland. Nicht wenige Menschen dachten unwillkürlich zuallererst an zwei verfeindete Clans, als sie die Nachricht von einer Schießerei in einer Shishabar in Hanau lasen.

Vor 15 Jahren wurde Mehmet Kubaşik in Dortmund von NSU-Terroristen ermordet. Er war Kioskbetreiber, in seinem Kiosk wurde er hingerichtet. Damals mutmaßten viele, es sei ein „Milieu-Mord". Die Hinterbliebenen wurden beschuldigt. In alle Richtungen wurde geschaut, allerdings nicht nach rechts. Es wurde spekuliert, ob PKK-, Drogen- oder Geldwäschegeschäfte der Grund gewesen sein könnten. Fünf Jahre hat es gedauert, bis der NSU sich selbst enttarnte. Mehmet wäre heute 55 Jahre alt. Er hätte Enkelkinder, die er nie kennenlernen konnte. Bei seiner Familie hinterlässt seine Ermordung tiefe Spuren. Seiner Frau wurde nicht nur der Ehemann genommen, den Kindern der Vater, den Enkelkindern der Großvater, nein, ihnen wurde noch mehr genommen. Der Tod von Mehmet war nicht alles, es war der Anfang eines Leids, das nicht enden sollte. Sie konnten jahrelang nicht trauern, weil sie wie Schuldige behandelt wurden und erst um ihr Recht kämpfen mussten. Sie litten doppelt und dreifach. Sie wurden Opfer von Rechtsterrorismus, von Polizeiversagen und von einer Gesellschaft, die sie verurteilt hat. Und sie verloren das Vertrauen in den Sicherheitsapparat, in den Staat, der sie schützen und ihre Rechte als Bürger verteidigen sollte. Die Polizei tat ihre Arbeit nicht, die Staatsanwaltschaft war nicht engagiert und Journalisten haben genauso wenig zur Findung der Wahrheit beigetragen. 2011 begingen Uwe Meredlos und Uwe Böherhardt Selbstmord. So kam die größte rechtsextreme Mordserie ans Licht. Und trotz all dem blieb die Familie in Dortmund. Sie nennen diese Stadt ihre Heimat. Weiterhin. Ein Platz erinnert heute an „Mehmet

Kubaşik (1966-2006) Kioskbetreiber an der Mallinckrodtstraße. Ermordet durch Neonazis".

Die Annahme, dass in der Shishabar in Hanau Clans aufeinander zugingen und es sich nicht um eine rechtsextremistische Tat handelte, nennt sich Framing. Die Wissenschaftlerin Naika Foroutan schreibt dazu in einem Artikel: „Dieses Framing, also der Rahmen, in dem Bilder präsentiert werden, wirkt unwillkürlich über die Zeit nach und bildet, wie der französische Philosoph Michel Foucault sagt, irgendwann eine ‚Archäologie des Wissens' und ein Archiv an Informationen, die sich zu einem jederzeit abrufbaren Gedanken verbinden. (...) Unser Wissen muss nicht richtig sein, um eine Wirklichkeit zu konstruieren." Dieses geframte, rassistische Wissen, das automatisch Shishabars mit Clankriminalität verknüpft, haben viele in ihrem Kopf abgerufen in dieser Nacht. Einer der Überlebenden, Piter Bilal Minnemann, erzählt, dass er in der Tatnacht, als der Täter unterwegs war, zu Fuß weggeschickt wurde, um Anzeige zu erstatten. Es dauerte wenige Stunden, bis klar war: Es handelt sich um einen rassistischen Anschlag. Junge Menschen wurden willkürlich und bestialisch erschossen. Der Täter hatte sie an diesem Ort aufgesucht, weil sie seiner Ansicht nach „Volksgruppen, Rassen oder Kulturen in unserer Mitte (...) die in jeglicher Hinsicht destruktiv sind (...), die komplett vernichtet werden müssen" angehören. Das schrieb er in seinem Pamphlet, das er vor der Tat den Sicherheitsbehörden schickte. Sie reagierten darauf nicht. „Die Behörden verknüpften die Gewaltfantasien eines Weißen, eines 43-jährigen Betriebswirtschaftlers, nicht mit einer realen Bedrohung – so wie sie bereits in den Jahren zuvor die neun rassistischen Morde des NSU nicht mit weißer Täterschaft verbanden, sondern die Angehörigen beschuldigten", analysiert Foroutan.

Einer der Überlebenden, der seinen Bruder in dieser Nacht verlor, Said Hashemi, wurde an drei Stellen, unter anderem am Hals, getroffen. Als die Einsatzkräfte ankamen, Blut aus seinem Hals schoss, wurde er erst einmal nach seinem Ausweis gefragt, erzählt er. Obwohl die Rettungskräfte klar machten, wie dringend er ins Krankenhaus müsse, um behandelt zu werden, gab die Polizei an, es würde nichts passieren, bis die Lage geklärt sei. Mitten in diesem Chaos direkt nach der Tat, hieß es, der Täter sei zurück. In diesem Moment versteckten sich die Einsatzkräfte hinter Said Hashemi, als er auf der Krankenliege lag.

Filip Goman erzählt vom Tod seiner Tochter Mercedes, die gerade in einem Kiosk war, um Pizza für ihre Kinder zu holen. Dabei wird sie erschossen. Als die Spezialkräfte der Polizei aber am Tatort ankommen, richten sie ihre Waffen gegen die Hinterbliebenen, die noch versuchen herauszufinden, ob ihre Kinder überlebt haben. Vili, der am Heimweg den Täter sieht, ihm nachfährt und versucht ihn aufzuhalten, wird ermordet. Er ruft die Polizei mehrmals an, aber niemand hebt ab. Erst fünf Stunden und neun Tote später stürmt die Polizei das Haus des Täters und findet ihn und seine Mutter tot auf. Er soll psychisch krank gewesen sein, war aber dennoch legal an Waffen herangekommen. Außerdem soll er eine Nacht vor der Tat auf Youtube eine Rede des AfD-Politikers Björn Höcke angeschaut haben. Vili Păuns Vater Nico sagt, er sei stolz auf seinen Sohn. Vili sei ein Held. Er starb, um andere zu retten, während andere sich versteckten. „Aber dann sagt mein Herz, ich brauche keinen Helden, ich brauche meinen Sohn", sagt Vilis Vater.

Die Sicherheitskräfte befürchten, jeden Tag sei die Möglichkeit zu einer rassistischen Gewalttat gegeben. Auch Innenminister Seehofer bestätigt, der Rechtsextremismus sei eine der zentralsten Gefahren für Deutschland. Die Gewalt trifft Menschen, die als MigrantInnen gelesen werden, ganz egal, ob sie es sind oder nicht. „Der Anschlag von Hanau 2020 forderte neun Todesopfer mit türkischen, rumänischen, bulgarischen, bosnischen und Rom-Wurzeln. Beim rassistischen Anschlag vom Münchener Olympia-Einkaufszentrum 2016 starben ebenfalls neun Menschen - alle wurden vom Täter als Migranten gelesen, sieben von ihnen waren Muslime, ein Opfer war Rom, eines Sinto. Und auch der NSU-Mordserie fielen zwischen 2000 und 2006 neun Menschen, die einen Migrationshintergrund hatten, zum Opfer – acht waren Türkeistämmig, einer war Grieche", so Foroutan. Menschen mit migrantischem Hintergrund seien von rassistischer und rechtsextremer Gewalt überproportional betroffen. Die Liste ließe sich verlängern. Es handelt sich nicht um Einzelfälle. Hanau geschah, nur wenige Monate davor geschah auch der Mord am Kasseler Regierungspräsidenten Walter Lübcke, der Angriff auf die Synagoge in Halle und den Kiezdöner. Neben dem Klima, der Pandemie und digitaler Desinformation ist für Naika Foroutan auch Rassismus ein Thema, das das kommende Jahrzehnt politisch mitbestimmen wird.[6]

Die Fähigkeit zu hoffen hängt davon ab, wie die Welt, die Gesellschaft, in der wir leben, beschaffen ist. „Kant meinte, wenn die Welt nicht so beschaffen ist, dass Gerechtigkeit für jeden möglich ist, dann können wir nicht hoffen. Wir müssen schauen, dass die Bedingungen gegeben sind, damit bestimmte Hoffnungen realisierbar sind. Wir müssen konkrete Bedingungen schaffen, unter denen Hoffnungen realisierbar sind", so die Philosophin Blöser.

Wir haben alle die Fähigkeit zu hoffen, aber bestimmte Komponenten im Leben helfen uns, hoffnungsvoller zu sein. Andreas Krafft erklärt, dass er das immer wieder in seinen Untersuchungen zur Hoffnung feststellen konnte. „Bestimmte Werte, wie füreinander da zu sein oder die Offenheit für Neues, nähren die Hoffnung. Hilfsbereit zu sein, an andere zu denken und nicht nur an sich selbst, aber auch offen zu sein, neue Sachen auszuprobieren und Veränderungen zuzulassen. Auch religiöse Werte und das Vertrauen geben einem einen gewissen Halt. Das hängt aber auch von der Kultur ab." Das Selbstvertrauen und der Glaube an das Gute seien zwei Werte, die stark miteinander verbunden sind. Denn Menschen, die nicht an das Gute glauben, haben kein starkes Selbstvertrauen, laut Psychologe Krafft. Als dritte Komponente sei die Erfahrung wichtig für die Hoffnung. Neben der Natur seien es auch unsere Mitmenschen, die uns Hoffnung geben können.

Saida Hashemi ist die Schwester des getöteten Said Nesar und des verletzten Said Etris, der nur knapp dem Tod entkommen ist. Was gibt ihr Hoffnung? Das habe ich sie gefragt. Ich will verstehen: Wie kann man nach einer so schmerzhaften Erfahrung weitermachen? Es gibt keinen Tag, an dem sie nicht an den 19. Februar 2020 denkt. „Said Nesar war ein Mensch, der mich immer dazu ermutigt hat weiterzumachen, wenn ich mal nicht weiterwusste. Ich möchte mich nicht von meiner Trauer überwältigen lassen, denn mein Bruder würde das nicht wollen. Er würde wollen, dass ich mein Leben so weiterführe, wie ich es mir erträumt habe. Ich habe mir Ziele vor Augen gesetzt, die ich erreichen möchte und auch erreicht habe“, erzählt sie mir. Sie hat ihr erstes Staatsexamen als Lehrerin gemacht und beginnt mit ihrer Berufspraxis. Was in Hanau geschah, war der Grund, warum sie beschloss, in die Politik zu gehen. Sie will nicht weglaufen, sondern bleiben und sich für die Stadt und die Menschen einsetzen. Saida will Verantwortung tragen und sich auf vielen Ebenen dafür engagieren, dass keiner Familie auf dieser Welt das widerfährt, was ihrer passiert ist. Saida bedeutet „die Glückliche“. Neben ihrer Arbeit kümmert sie sich um ihre Familie. Sie will stark sein für ihre Geschwister und Eltern. „Manchmal frage ich mich selbst, wo ich die Stärke herhabe, die ich letztes Jahr gezeigt habe. Wenn ich auf das gesamte letzte Jahr zurückblicke, dann kann ich stolz auf mich selbst sein. Stolz darauf, dass ich mich trotz der schwierigen Situation dazu entschieden habe weiterzumachen. Es war mir wichtig nicht aufzugeben“, sagt die Hanauerin. Was Saida außerdem Hoffnung gibt, ist der Zuspruch der Menschen, die sie daran erinnern, dass sie nicht allein ist. Das mache ihr Hoffnung, dass es da draußen Menschen gibt, die für einen da seien. Auch zu erkennen, dass es Menschen gibt, die wie sie für eine offene, vielfältige Gesellschaft stehen und sich dafür einsetzen wollen, gibt Saida Hoffnung. Miteinander reden hilft nicht nur zu erfahren, was der andere denkt und ihn zu verstehen, sondern auch seine Ängste und Hoffnungen in Erfahrung zu bringen. Dafür muss man miteinander reden und einander zuhören, damit man sich in die Lage des anderen hineinversetzen kann. Um die Hoffnungen anderer zu kennen und zu verstehen, ist Empathie relevant. Der Zusammenhalt in Hanau, hat Saida gezeigt, wie empathisch Menschen sein können und wie stark die Verbindung der Hanauer ist, die sich nicht spalten lassen wollen. „Das gibt Hoffnung. Hoffnung auf eine friedliche, von Vielfalt geprägte Zukunft, in der jeder für jeden da ist. Leider gibt es auch Menschen, die dieser Zukunft nicht positiv entgegensehen. Es ist wichtig, diesen Menschen immer wieder aufs Neue zu zeigen, dass wir Hass und Hetze nicht dulden. Es ist wichtig, den Menschen immer wieder vor Augen zu führen, zu was Hass und Hetze führen können", meint Saida. Das heißt aber nicht, dass man Menschen aufgeben solle, die gegen Minderheiten hetzten und Hass in ihren Herzen tragen. Nein, vielmehr soll auch ihnen zugehört werden und mit ihnen gesprochen werden, damit Hoffnung besteht, dass auch sie ihre Einstellung ändern. Hoffnung nährt und weckt den Wunsch zu leben, weiterzumachen und sich den Gegebenheiten nicht tatenlos hinzugeben. Wir brauchen die Hoffnung, um Probleme und Schwierigkeiten zu überwinden, aber auch um uns weiterzuentwickeln, erklärt Psychologe und Zukunftsforscher Andreas Krafft. Hoffnung ist die

Grundvoraussetzung dafür, dass wir nicht stehenbleiben, uns von Problemen erdrücken lassen oder unsere eigenen Grenzen annehmen. „Wir können sie überwinden, in dem wir sagen, okay, heute habe ich es nicht geschafft, diese Situation zu verändern, aber die Hoffnung gibt mir Kraft, um dranzubleiben." Wie die Angst liegt auch die Hoffnung in unserer Natur, so Krafft. Vor allem nach einer Krise entwickeln Menschen die Fähigkeit zur Resilienz. „Nach einer gewissen Zeit können Menschen aus den Krisen herausfinden. Das gelingt nur, wenn sie sich auf diese Hoffnung, die sie in sich haben, konzentrieren und wieder anfangen, an sich und an das Gute zu glauben", erklärt er. Sobald Menschen sich für Neues öffnen, erkennen sie, dass es wieder bergauf geht und sie schöpfen Kraft daraus.

Menschen, die erkannt haben, dass sie eine Verantwortung tragen, nicht nur für sich, sondern für die Gesellschaft, in der sie leben, stehen auf, tun etwas für ein besseres Morgen. Das ist der Schlüssel zur Hoffnung. Auch kollektiv müssen wir uns überlegen, was wir tun können, um ein Leben in Würde, Sicherheit und Frieden für jeden möglich machen zu können. Denn, wie Erich Mühsam sagte: „Niemand kann frei sein, solange es nicht alle sind."

Freiheit ist Hoffnung

„I am homesick for a place I am not sure even exists.
One where my heart is full. My body loved.
And my soul understood."
Melissa Cox

Die Sehnsucht nach einer Heimat, die es so nicht mehr gibt. Die Sehnsucht nach einem Ort, an dem die Seele hängt, an dem man selbst aber noch nie gewesen ist. Die Sehnsucht nach Freiheit für das eigene Volk. Die Sehnsucht nach Selbstbestimmung für Menschen, die einfach nur dort leben möchten, wo sie herkommen. Die Sehnsucht nach der Heimat, die man womöglich nie sehen wird. Aber im Herzen trägt.

Es sind diese Sehnsüchte, die Uigur:innen im Exil vereinen. Ihrem Volk wird in ihrer Heimat jede Freiheit geraubt. Die Freiheit, die eigene Sprache, Kultur, Religion und Identität auszuleben. Nur Aydin kennt lediglich die Geschichten ihrer Großeltern, sie haben die Heimat Yarkant in der Nähe der Präfektur Kashgar nie wirklich erlebt. Sie kennen die Gerüche auf den Straßen, die alten Häuser mit den bunt verzierten Innenhöfen und auch die Unterdrückung einer Minderheit aus erster Hand. Es war der politische Druck, der sie dazu brachte, ihr Zuhause zu verlassen. Nur – ihr Name bedeutet „Licht" – war und ist die Hoffnung ihrer Vorfahren. Denn sie entschlossen sich zu gehen, damit ihre Kinder und Enkelkinder in Freiheit leben und selbst bestimmen können, wie sie leben möchten. Gemeinsam mit anderen uigurischen Familien, die sich nicht freiwillig entschieden hatten, Kashgar zu verlassen, sondern aus ihrer Heimat verbannt wurden, ging es über einen langen Fußweg in die Türkei, wo sich Nurs Großeltern niederließen. Dort lernten sich ihre Eltern kennen und zogen später nach Kiel, wo Nur geboren wurde. Später wuchs sie in Hamburg auf. Ihre eigentliche Heimat blieb ihr immer verwehrt. Bis heute ist es viel zu gefährlich für sie, nach Ostturkestan zu reisen, weil die Angst vor Verfolgung und Freiheitsberaubung viel zu groß ist.

Aber Nur hofft darauf, dass die nächste Generation die Möglichkeit haben wird, ihre Heimat zu sehen, ohne

Angst haben zu müssen, dass sie aufgrund ihrer ethnischen Zugehörigkeit kriminalisiert wird. Und sie hofft für die Uigur:innen, die jetzt noch in Ostturkestan sind, dass sie ein selbstbestimmtes Leben führen können. Es wird Zeit brauchen, das sieht sie. Denn zu lange habe es gedauert, bis die internationale Weltgemeinschaft überhaupt darauf aufmerksam wurde, dass es sie gebe. „Ich kann seit meiner Kindheit beobachten, wie wenig sich geändert hat, wie laut wir schreien mussten, damit wir gehört werden. Es hat uns sehr viel Zeit gekostet, dort anzukommen, wo wir heute sind." Dass die großen ethnischen Spannungen in China und vor allem das Bestreben, alle Menschen gleichzuschalten, ganz egal, wie sie denken wollen, welche Sprachen sie sprechen, mittlerweile bekannt sind, sei schon eine große Errungenschaft, ein Fortschritt. Daraus schöpft Nur Kraft. Dass Uigur:innen es geschafft haben, Unterstützung zu finden, die sie dringend brauchen. Bis es dazu kam, musste aber die Auslöschung ihrer Kultur und Identität in der Schaffung von Internierungslagern gipfeln. Die Gräueltaten werden mittlerweile als solche anerkannt.

Für Nur war nicht immer klar, inwiefern sie sich selbst als Uigurin betrachtet. Der Zugang zu ihrer Kultur, genauso wie ihre Heimat selbst, blieben ihr lange Zeit verwehrt. Sie kannte kaum Uiguren. Wenn ihre Mitschüler sie als Türkin bezeichneten, nahm sie es hin. „Das sind aber nicht meine Wurzeln, das ist nicht meine Sprache. Gleichzeitig hatte ich die Hoffnung, mich anzupassen, nicht anzuecken. Ich habe aufgehört, mich zu erklären und nahm das Narrativ anderer über mich an." Nur ist zwar türkisch sozialisiert, schließlich sind ihre Eltern in der Türkei aufgewachsen, aber sie wusste schon damals, dass ihre Wurzeln in Ostturkestan liegen und dass es mehr ist, was sie mit ihrer Heimat verbindet. Diese Verbindung wollte sie nicht aufgeben, auch wenn sie sie in dieser Phase ihres Lebens nicht greifen konnte. Die uigurische Identität habe sie sich selbst erkämpft, sagt sie im Gespräch. Ermöglicht habe ihr das vor allem das Internet, durch das sie die Möglichkeit hatte, Uiguren auf der ganzen Welt kennenzulernen und sich mit ihnen auszutauschen. Ein weiterer Funken Hoffnung, eine Annäherung daran, wer sie ist und wer sie sein möchte.

Hoffnung als Widerstand

Eine prägende Zeit in Nurs Leben war ihr Studium der Psychologie in Großbritannien. „In einer Gesellschaft, die dir den Raum gibt wie in London, konnte ich meine Identität formen. Ich konnte mich frei für meine Zugehörigkeit entscheiden. Und habe daraus sehr viel Selbstbewusstsein geschöpft."

Wenn es eine Situation gegeben hat, die ihr die Augen öffnete, dann war es der Moment, als sie Jahre später in Brüssel an der Weltuigurenkonferenz teilgenommen hat und zum ersten Mal in ihrem Leben unter Menschen war, die ihre Kultur, Religion, Sprache und Identität teilten. Während sie sich alle in uigurischer Sprache vorstellten, konnte Nur das nicht. Ihr wurde klar, dass sie der Sprache ihrer Vorfahren nicht mächtig ist, und es war ihr unangenehm. „Das hat mir gezeigt, es ist nicht meine Schuld, dass ich meine Heimat nie direkt kennenlernen konnte, aber das Resultat ist dasselbe: Ich finde keinen Anschluss. Und nicht nur mir geht es so. Ich wusste, ich will daran etwas ändern. Auch wenn wir alle nicht an einem Ort sind, uns verbindet so viel." Einige Jahre später lernt Nur zwei Uiguren kennen, die mit ihr gemeinsam eine Plattform gründen, die junge Uiguren auf der ganzen Welt vernetzt. Sie wollen nicht immer nur über das Leid ihrer Familien und ihres Volkes vereint sein, sondern auch mal gemeinsam Gedichte lesen, musizieren, tanzen, über Rezepte aus der Heimat sprechen. Im Ausleben ihrer Kultur sieht Nur den Widerstand, den sie leisten können, um einem repressiven System zu trotzen. Weil sie ihre Kultur beleben und nicht zulassen, dass sie vernichtet wird. Zwar bezeichnet Nur ihre Plattform als nicht politisch, doch ihre Identität sei ohnehin politisiert, ob sie es wolle oder nicht. „Viele Uiguren im Exil haben ihre Eltern noch dort. Sie haben sie viele Jahre nicht gesprochen. Wissen nicht, ob sie leben oder schon gestorben sind, was sie durchmachen müssen oder mussten. Uiguren im Exil sind zwar ‚frei' und sie leben in Demokratie, aber sie sind mit ihrem Herzen noch dort, weil sie verbunden sind mit all dem Schmerz, der ihren Familien und Freunden widerfährt", erzählt Nur. Weil der psychische Druck so groß ist, möchte die studierte Psychologin ein weiteres Netzwerk schaffen, das speziell psychischen Beistand leisten soll. Von und für Uiguren. Denn viele Uiguren erleben keine Posttraumata, sondern sie sind im Trauma gefangen und finden kaum Unterstützung. Nur ist sich ihrer Ressourcen, ihrer Privilegien bewusst und will sich einsetzen für die Menschen, die all das nicht haben. Sie will jenen Hoffnung geben, die sie gerade brauchen.

Als Psychologin weiß Nur, dass die Verfolgung der eigenen Landsleute in Xingjang nicht das einzige Problem ist, das Uiguren im Exil haben. Sie haben Eheprobleme, erfahren Mobbing am Arbeitsplatz, haben ganz alltägliche Probleme, wie jeder andere auch. „Dann kommt dieses Riesendamoklesschwert über einen und du denkst dir: Ich bin frei, ich bin das Sprachrohr meiner Mitmenschen, die hoffnungslos sind, weil sie gar nichts mehr tun können." Diesen Druck spürt auch Nur selbst. Und sie erkennt, dass viele Uiguren im Exil mit diesem Druck nicht klarkommen. Sie wissen: Ich bin frei, aber ich kann nicht so aktiv sein und mich für die Freiheit anderer einsetzen, wie ich es wollen würde. Aus Angst oder weil sie um den Verlust ihrer Heimat trauern.

„Jugendliche leiden oft unter der *survival guilt.* Sie erkennen, wie viel Glück sie haben und sind dankbar, dass ihre Eltern so viel durchmachen mussten, damit es ihren Nachkommen besser geht“, sagt die Uigurin. Gleichzeitig aber wissen sie, sie dürfen ihre eigenen Probleme haben und erkennen, dass sie nicht undankbar sind, nur weil sie nicht eingesperrt werden. Nur erinnert sich selbst auch immer wieder daran: Jeder muss seinen Einsatz oder Nichteinsatz für die Freiheit und Hoffnungen anderer mit seinem eigenen Gewissen vereinbaren und seine eigenen Bedürfnisse und Grenzen gut kennen. Wenn schon deine pure Existenz ein Akt des Widerstands gegen den Genozid ist, muss man manchmal auf Sparflamme arbeiten: „Wir sind die letzten Kerzen, wir dürfen nicht ausbrennen. Wir können auf Sparflamme gut durchbrennen, damit wir etwas Licht an die nächsten Kerzen abgeben können.“

Nurs Hoffnung klingt sehr einfach und bescheiden. Einfach so einen Urlaub in Kashgar buchen zu können. Auch wenn sie weiß, dass das vielleicht nicht möglich sein wird und dass vieles nicht mehr so ist, wie sie es aus den Erzählungen ihrer Großeltern kennt. „Meine Großeltern stammen aus dem Süden der Region, das hätte ich so gerne einmal gesehen. Vor allem die Altstadt mit der wunderschönen Architektur, den Innenhöfen und den wunderschönen, liebevollen Verzierungen an den

Wänden. Das wollte ich immer erleben. Und eine Street-Food-Tour durch diese Stadt. Wo berühmte Speisen frisch auf der Straße zubereitet werden, wie handgezogene Nudeln, dampfende Teigtaschen. Das wäre eigentlich mal schön gewesen." Eine Sehnsucht, die Nur darin bestärkt, die Hoffnung nicht aufzugeben, damit auch die nächsten Generationen etwas von ihrer Kultur, ihrem Lebensstil, ihren Wurzeln haben. Auch wenn sie sie nicht eins zu eins erleben können: Was noch da ist, soll be- und gelebt werden. Nur selbst hat nicht denselben Bezug, den ihre Eltern zu Kashgar haben. Aber Nur hat sich die Deutungshoheit genommen und sich entschieden: Sie ist Uigurin und sie möchte Uigurin sein. Selbst bestimmen zu dürfen, wer man sein will, ist eine Lebensaufgabe und ein Prozess. Nur ist zufrieden, denn auch ihr uigurischer Ehemann hat sie ihrer eigenen Heimat nähergebracht. Es sind kleine Momente, die sie stolz machen, auf sich und ihren Weg: „Jetzt traue ich mich, uigurische Speisen zuzubereiten, und wenn mir etwas gelingt, wie dieses Riesengebäck, das aus vielen unterschiedlichen gebratenen Teigstücken besteht, die aufeinandergestapelt werden und einen Kreis ergeben, bin ich richtig stolz auf mich."

Nurs Geschichte und ihr Zugang zu ihrer Heimat, den sie sich erst erkämpfen musste, erinnert mich an meine eigene Heimat Ägypten. Ein Ort der Sehnsucht, in dem viele Geschichten, Erinnerungen und Gefühle verortet sind. Aber auch viele Hoffnungen. Hoffnung auf ein würdevolles Leben für die Menschen dort, auf Freiheit und Selbstbestimmung. Aber auch banale, sehr privilegierte Hoffnungen auf ein Zurückkehren, auf Zeit mit der Familie und das Eintauchen in Erinnerungen.

Die Situation der Uigur:innen wirkt aussichtslos. Was soll der einzelne Mensch da Großartiges bewirken? „Gleichzeitig kannst du dich dem Ganzen nicht entziehen. Du bist betroffen und trotzdem nicht involviert, weil du in einer machtlosen Position bist. Weil du eigentlich Opfer der Situation bist. Ich kann so viel machen, wie ich will, doch es ändert nichts an der Gesamtsituation. Das macht hoffnungslos und fühlt sich an, als würde ich ein großes schwarzes Loch mit einem Pflaster zudecken wollen, das die Wunde nicht annähernd bedecken kann", sagt Nur. Wenn eine Situation unsere Fähigkeiten, unsere Wirkungsmacht übersteigt, dann haben wir das Gefühl, alles, was wir machen, ist sinnlos.

„Erlernte Hilflosigkeit" wird das Phänomen genannt, wenn sich Erfahrungen von Hilflosigkeit angesichts unangenehmer, schmerzhafter oder bedrohlicher Erfahrungen auf menschliches Verhalten und Denkmuster auswirken.

„Wenn eine oder gar Generationen erlernen, ihre Situation als normativ anzuerkennen, als einen Standard, der nicht geändert werden kann, verlieren sie den

Wunsch frei zu sein, sie kennen diese Option gar nicht mehr, weil sie gar nicht mehr wissen, wie es sich anfühlt frei zu sein“, erklärt Nur. Je länger ein Volk mit dem Ausnahmezustand als Norm leben muss, desto eher stirbt der Widerstand gegen Ungerechtigkeit und desto eher adaptiert man sich an den Zustand der Hoffnungslosigkeit. „Ich hoffe, dass es Menschen gibt, deren Geist man noch nicht brechen konnte.“ Denn auch wenn man ohne Hoffnung leben kann, stellt sich die Frage, wie lebenswert so ein Dasein ist. Ein hoffnungsloses Leben kann nicht erfüllend sein. Der Mensch möchte immer nach vorne schauen und sich fragen können: Was will ich, was erwarte ich von morgen oder übermorgen? Schwindet diese Vorstellung, wird es schwer, Glück zu finden. Auch wenn es nicht einfach wird, so bestehen die Vision und der Traum für Nur, eines Tages mit ihren Kindern in die Heimat zu fahren und dort die Sommerferien zu verbringen. Diesen Traum haben viele Uigur:innen im Exil. „Viele Uiguren nennen ihre Kinder Erkin, das bedeutet Freiheit in unserer Sprache. Das heißt, sie haben die Hoffnung nicht aufgegeben.“

Hoffnung auf Gerechtigkeit

„Ich werde trotzdem afrikanisch sein, auch wenn ihr mich gerne deutsch haben wollt und werde trotzdem deutsch sein, auch wenn euch meine Schwärze nicht passt.“

May Ayim, Dichterin und Aktivistin

„Belonging“ ist ein Bedürfnis, das wir alle haben. Sprache, Kultur, Heimat, Gemeinschaft kann uns dieses Gefühl des Dazugehörens geben. Für Menschen, die in ihrem eigenen Zuhause nicht akzeptiert werden, kann das eine schmerzvolle Erfahrung sein. Menschen, die Alltagsrassismus erleben und bekämpfen müssen, verlieren die Hoffnung auf ein Leben ohne Diskriminierung.

Rassismus schränkt in der freien Selbstentfaltung ein. Weil er uns immer wieder auf ein einziges unserer Identitätsmerkmale reduziert und im selben Atemzug so viele weitere abspricht. Millionen schwarze US-Amerikaner erleben Alltagsrassismus, Polizeigewalt und strukturelle Benachteiligung. Der gewaltsame Tod von George Floyd bei einem Polizeieinsatz hat weltweit Proteste ausgelöst. Nach dem Attentat auf Martin Luther King 1968 sind es die schwersten Unruhen, die die USA erlebt. „I can't breathe“ fleht George Floyd in den Minuten vor seinem Tod. Der Fall Floyd macht sichtbar, welcher Brutalität Schwarze ausgesetzt sind. Während das Video zeigt, wie ein weißer Polizist minutenlang auf Hals und Nacken Floyds drückt, steht im Polizeibericht nichts davon. Erst das Video machte es möglich, dass der Polizist wegen Totschlags angeklagt wurde. Vollständige Statistiken der Behörden zur Polizeigewalt gibt es nicht, aber die Washington Post und das Datenprojekt Mapping Police Violence dokumentiert die Fälle. 2019 gab es insgesamt nur 27 Tage, an denen in den USA kein Mensch durch die Polizei erschossen wurde. 24 Prozent der über tausend Tötungsfälle waren Schwarze, obwohl sie nur 13 Prozent der Bevölkerung ausmachen. Dafür machen Experten rassistische Vorurteile, die Lebensbedingungen schwarzer Menschen und die mangelnde Professionalität der Polizei verantwortlich. 99 Prozent der Tötungen durch Polizisten bleiben ohne Anklage.[7]

Ein Facebook-Post von David Gray zeigt, wie die Freiheit von so vielen Menschen eingeschränkt wird, weil ihnen bewusst ist, wie gefährlich es für sie sein kann, wenn sie nur eine falsche Bewegung machen. Und das nur, weil sie ein bestimmtes Aussehen haben und darauf reduziert werden: „I need to drive my two-year-old to daycare tomorrow morning. To ensure we arrive alive, we won't take public transit (Oscar Grant). I removed all air fresheners from the vehicle and double-checked my registration status (Daunte Wright), and ensured my license plates were visible (Lt. Caron Nazario). I will be careful to follow all traffic rules (Philando Castille), signal every turn (Sandra Bland), keep the radio volume low (Jordan Davis), and won't stop at a fast food chain for a meal (Rayshard Brooks). I'm too afraid to pray (Rev. Clementa C. Pickney) so I just hope the car won't break down (Corey Jones). When my wife picks him up at the end of the day, I'll remind her not to dance (Elijah McClain), stop to play in a park (Tamir Rice), patronize the local convenience store for snacks (Trayvon Martin), or walk around the neighborhood (Mike Brown). Once they are home, we won't stand in our backyard (Stephon Clark), eat ice cream on the couch (Botham Jean), or play any video games (Atatiana Jefferson). After my wife and I tuck him into bed around 7:30pm, neither of us will leave the house to go to Walmart (John Crawford) or to the gym (Tshyrand Oates) or on a jog (Ahmaud Arbery). We won't even walk to see the birds (Christian Cooper). We'll just sit and try not to breathe (George Floyd) and not to sleep (Breonna Taylor). These are things white people simply do not have to think about."

Die Hoffnung auf ein Leben ohne Ungerechtigkeiten, ohne Benachteiligung. Diese Hoffnung haben viele Menschen, zu deren Alltag Diskriminierung dazugehört. Rassismus schränkt ein. Rassismus tötet. Dunia Khalil möchte genau diesem Rassismus und der Diskriminierung, die daraus entsteht, entgegenwirken. Sie studiert Rechtswissenschaften, engagiert sich unter anderem beim Verein für Zivilcourage ZARA, in der Antirassismus-Arbeit in Wien und berät Betroffene. „Keine fremd gelesene Person kann sich in Österreich frei entfalten, weil uns all diese Erlebnisse beeinflussen. Und sei es nur durch die Frage ‚Woher kommst du?'. Das macht etwas mit uns, mit unserem Leben, unserer Gedankenwelt, unseren Entscheidungen. Ich frage mich oft, was ich beruflich machen würde, würde es keinen Rassismus geben. Wer wäre ich geworden, hätte ich nicht durch all die Erfahrungen, die Menschen wie ich machen, entschieden, zumindest den Versuch zu unternehmen, etwas fürs friedliche Zusammenleben zu tun", erzählt sie mir im Gespräch. Es ist die ständige Erinnerung, fremd zu sein und nicht zugehörig, die unter anderem mit der Frage einhergeht, woher man komme. Sie selbst relativiert ihre rassistischen Erlebnisse, weil sie weiß, andere erleben viel Schlimmeres. Dunia weiß, wie traumatisch und belastend diese sein können. Jede Unfreundlichkeit, die sie erlebt, muss sie mittlerweile auf ihr Aussehen beziehen. Eine Spirale, die sie selbst mittlerweile nervt, weil sie ein optimistischer Mensch ist, aber sie weiß, dass sie so denkt, hat etwas mit der Menge an Vorfällen, die sie und Menschen in ihrer Umgebung erfahren, zu tun. „Ja, auch Vorfälle anderer belasten uns zusätzlich zu unseren eigenen Erfahrungen, denn wir wissen: Das hätte auch ich sein können, wenn ich am falschen Ort zur falschen Zeit gewesen wäre. Ich nenne das ‚mittelbare Betroffenheit'. Nicht ich bin das unmittelbare Opfer, aber fühle mich zumindest mittelbar betroffen. Jeder rassistische Vorfall ärgert und enttäuscht alle, die diesen hätten auch erleben können, zusätzlich zur eigentlich betroffenen Person. Das muss man sich erst einmal vorstellen. Jeden Tag, Freunde, Bekannte, Unbekannte, Fremde – alle im selben Boot. Die Verletzungen sind groß, ihre Auswirkungen größer," sagt sie.

Der US-amerikanische Soziologe und Schriftsteller W. E. B. Du Bois prägte den Begriff *double consciousness* in seinem Buch ‚The souls of Black Folk'. Damit beschreibt er das Gefühl, „sich selbst immer nur durch die Augen anderer wahrzunehmen, der eigenen Seele den Maßstab einer Welt anzulegen, die nur Spott oder Mitleid für einen übrig hat."[8] Das doppelte Bewusstsein steht für den Zustand von Menschen, die die Verweigerung von Zugehörigkeit, die rassistische Zuschreibungen und das Weißsein als Norm verinnerlicht haben. Das eigene Selbst ist nur noch durch den Spiegel des anderen zugänglich. Rassistisch diskreditierte Personen versuchen möglichst angepasst und unauffällig zu sein, um keine Stereotype zu erfüllen und somit Diskriminierung zu entgehen. Doch diese Bemühung wird nicht anerkannt, und Rassismus findet weiterhin statt. Wenn Eltern beispielsweise mit ihren Kindern nicht in der Muttersprache in der U-Bahn sprechen, damit ihnen nicht vorgeworfen wird, sie seien nicht integriert oder würden ihren Kindern das Deutschlernen verwehren – ihr Deutsch ist aber trotz aller Bemühung nicht gut genug ist für die Mehrheitsgesellschaft.

Rassismus ist keine individuelle Angelegenheit, sondern strukturell und institutionell in unserer Gesellschaft verankert und hat weitreichende Folgen. Dunia bemühte sich immer mit gutem Beispiel voranzugehen, sich vorbildlich zu verhalten, mit der Hoffnung, so das negative Bild über Migranten, Ausländer oder Muslime zu verbessern. „Bis ich an dem Punkt angelangt bin, an dem ich realisierte, dass ich das nicht kann und auch nie können werde und dass wir Betroffenen nicht dafür verantwortlich sind. Nicht wir müssen die Gedanken anderer verändern, sie selbst müssen diese reflektieren und hinterfragen. Wir werden immer nur die positiven Ausnahmen sein, wenn wir versuchen, uns von unserer besten Seite zu zeigen. Denn Rassismus ist das Problem der Rassisten und nicht unseres." Es ist dennoch Dunias Hoffnung, die sie dazu bringt, trotz all der Enttäuschungen und Rückschläge, die sie im Kampf gegen Hass erlebt, weiterzumachen und nicht aufzugeben. „Wenn ich mir ansehe, was unsere Eltern hingenommen haben und was wir als junge Menschen mitgemacht haben und wo wir jetzt sind, gibt mir das sehr viel Hoffnung, denn wir haben bereits viel erreicht. Wenn man gegen Rassismus und Diskriminierung ankämpft, vergisst man oft zu betrachten, was bisher erreicht wurde, weil es im Vergleich zu dem, was erreicht werden muss, noch zu wenig ist.“ Das ist eine der Hoffnungsquellen Dunias. Und es ist ihr Umfeld, das sie ständig in ihrem Tun bestärkt und ihr Engagement wertschätzt. Hoffnung braucht Dunia, weil sie weiß, dass es noch ein langer Weg ist. Sie selbst hat Jahre gebraucht, um zu verstehen, was Rassismus ist, wie er die Welt prägt und funktioniert. Es ist die Verantwortung eines jeden Einzelnen, sagt sie, sich damit zu beschäftigen und zu verstehen, wie tief das Problem sitzt, damit es an der Wurzel gepackt werden kann. Weil wir sonst immer wieder dieselben Muster reproduzieren, ohne dies zu erkennen. Und das fängt damit an, dass wir verstehen, dass es kein bestimmtes Bild vom „Österreichisch-Sein“ gibt. Weil wir in einer seit Jahrzehnten sichtbar vielfältigen Gesellschaft leben, müssen wir uns damit auseinandersetzen und verstehen, dass jeder Österreicher sein kann.

Am kleinsten wird Dunias Hoffnung, wenn sie sich nur auf die großen Ziele fokussiert und nicht auch die kleinsten Erfolge feiert. Sie weiß, dass sich ihr Einsatz auszahlt und dass sie mit jedem noch so kleinen Schritt etwas bewirken kann. Es gab aber auch Zeiten, da hatte Dunia jegliche Hoffnung verloren. Als Dunia als Anti-Rassismus-Beraterin einen unbegleiteten minderjährigen Flüchtling betreute, der massive Polizeigewalt erlitt, wurde das Gefühl der Ohnmacht zu groß. „Der Junge wurde grundlos geschlagen, erniedrigt und gedemütigt. Man hat ihn getreten, ihm eine Klobürste ins Gesicht gerieben und ihm abwertend vorgeworfen, er sei schwul. Anschließend wurde er aus der Polizeistation rausgeworfen. Ich habe ihm zugehört und ihn aufgeklärt, über seine Rechte und die Risiken, die damit einhergehen. Es ist nicht unüblich, dass die Polizei eine Verleumdungsanzeige gegen Beschwerdeführer erstattet. Gerade bei einer Person mit unaufgeklärtem Aufenthaltsstatus ist davon abzuraten, Hoffnung auf Gerechtigkeit zu haben", sagt Dunia. Das Gesicht des enttäuschten 16-jährigen Jugendlichen prägt sich ihr tief ein. Sie muss weinen. Seine Beschwerde geht nicht durch, wie sie später feststellen muss. „Österreich hatte diesen traurigen, wütenden, enttäuschten Mann aus ihm gemacht. Mich hat die Gesamtsituation so sauer gemacht. Wer profitiert davon, dass sich junge Menschen, die sich in Österreich erstmal einfinden möchten, so gedemütigt, enttäuscht und anschließend zu wütenden erwachsenen Männern werden, die nie zu ihrem Recht kommen werden? Es gibt keinen Fall, der mich so mitgenommen hat wie dieser. Ich fühlte mich so ohnmächtig und machtlos."

Um ihre Hoffnungslosigkeit in etwas umzuwandeln, das ihr wiederum Hoffnung gab, setzte sie ein Meeting mit ihrem Team an und beschloss, ihren eigenen Schwerpunkt auf Antirassismus-Arbeit und Polizeigewalt zu setzen. Dieser Moment der Hoffnungslosigkeit gibt Dunia noch bis heute Kraft. Sie versucht, die Wut in Motivation umzuwandeln. „Was kann eine schon allein erreichen? Das denkt sich aber die halbe Menschheit." Sie erinnert sich selbst immer wieder daran, dass sie nicht allein ist im Kampf gegen Ungerechtigkeit. „Manchmal braucht es nur eine einzige Person, die den nötigen Dominoeffekt bewirkt und andere Menschen mit sich zieht sowie zeigt, dass diese mit ihrem Wunsch nach Veränderung nicht alleine sind. So können wir uns gegenseitig antreiben und am selben Strang ziehen. Und genau das ist Hoffnung für mich. Wir können Veränderung bewirken und wir haben das die letzten Jahre alle getan. Manchmal müssen wir uns aus dem ‚kleinen' Baustein, an dem wir arbeiten, rausnehmen und die Gesamtsituation von oben betrachten, um zu erkennen, dass wir trotz allem auf dem richtigen Weg sind. Wir müssen nur an eine bessere Zukunft glauben und darauf vertrauen. Und dieses Vertrauen habe ich durch meinen Glauben an Gott." Es ist das Wissen, dass eine ultimative Gerechtigkeit keinen Platz auf dieser Erde haben wird, auch wenn wir das als Idealvorstellung brauchen und daraufhin arbeiten.

Eine Gesellschaft, in der Gerechtigkeit auf allen Ebenen gelebt wird, wäre eine Traumvorstellung. Eine Gesellschaft, in der sich keiner fürchten muss, so zu sein, wie er ist, in der sich jeder vollkommen entfalten kann.

Hoffnung braucht Liebe

„Wenn Du vor mir stehst und mich ansiehst, was weißt Du von den Schmerzen, die in mir sind und was weiß ich von den Deinen. Und wenn ich mich vor Dir niederwerfen würde und weinen und erzählen, was wüsstest Du von mir mehr als von der Hölle, wenn Dir jemand erzählt, sie ist heiß und fürchterlich. Schon darum sollten wir Menschen voreinander so ehrfürchtig, so nachdenklich, so liebend stehen wie vor dem Eingang zur Hölle.“

Frank Kafka

Die Liebe. Sie ist es, die die Hoffnung zu beleben und nähren vermag. Es ist nicht unbedingt die romantische Liebe, denn Liebe ist so viel mehr als das, was wir aus

Hollywood-Filmen kennen. Liebe begegnet uns täglich, in einem Lächeln der Kassiererin oder einem Dankeschön bei der Arbeit. Sie ist ein kleines Zeichen der Anerkennung, der Wertschätzung und kann uns schon mal unseren Tag versüßen. Liebe ist überall, und wenn wir genau hinsehen, erkennen wir, wie wertvoll und kraftvoll sie ist.

In einer Zeit, in der der Hass allgegenwärtig ist, auf den Straßen, im Netz, werden die Menschlichkeit, der Dialog auf Augenhöhe, die Gesprächskultur so wichtig wie noch nie zuvor. Nur die Liebe kann dem ganzen Hass etwas entgegensetzen. Eine Liebe, die in kleinen Gesten und in großen Worten Ausdruck findet.

Wenige Tage bevor ich diese Zeilen schreibe, bin ich aus Berlin nach Wien nach Hause gekommen, um meine Familie zu besuchen. Beim Einkaufen in der Mittagspause stellt sich ein etwas älterer Herr vor mich hin und versperrt mir die Sicht. Er schaut mich an und wiederholt mehrmals: „Scheiß Kopftuch! Geh ham!“ Ich habe keine Lust, mir den Tag vermiesen zu lassen, versuche ihm aus dem Weg zu gehen. Dann versuche ich mit dem Mann ins Gespräch zu kommen, doch er lässt sich nicht darauf ein und sagt immer wieder: „Du kein Deutsch sprechen.“ Es macht mich traurig, er hört mir nicht zu, nimmt mich nicht ernst, projiziert Ängste und Vorurteile auf mich, die nichts mit mir und meiner Realität zu tun haben. Ich weiß, ich kann nicht vor dem Hass weglaufen, ich muss diesen Hass konfrontieren, ihm die Stirn bieten und daran arbeiten den Menschen eine Begegnung zu ermöglichen. Auf Augenhöhe, ohne Verurteilung oder Wertung. Aber auch ich, wie jeder Mensch, der von Hass getroffen wird, muss auf mich achten, mich beschützen und sichere Räume finden. Wir haben als Gesellschaft viel zu wenig Räume geschaffen, in denen Menschen unterschiedlicher Meinung aufeinandertreffen und miteinander sprechen können. Orte, an denen wir uns unterhalten können und Standpunkte respektvoll austauschen, so unterschiedlich sie sein mögen. Räume, in denen wir lernen, Differenzen auszuhalten. Stattdessen finden wir vor allem im Internet Räume der Abschottung, Räume, in denen nur die eigene Meinung Platz hat und stets bestätigt wird. Das Internet schien der Ort der Demokratie, der Freiheit zu sein. Der Platz, wo jeder gehört werden konnte. Heute ist das Internet unter anderem ein Ort der Verhetzung, der Verbreitung von Hass und Angst geworden. Soziale Medien bringen wütende, hasserfüllte Menschen zusammen. Der Hass verdichtet sich und entwickelt sich auch manchmal zur realen Tat. Für Populisten wird es immer einfacher, Menschen zu erreichen und zu mobilisieren. Doch so wie der Hass, der das Netz überflutet, grenzenlos ist, muss auch die Liebe grenzenlos sein. Und so wie der Hass organisiert wird, muss auch die Liebe organisiert werden.

Wir brauchen eine Gegenbewegung. Nicht nur jedes Individuum, auch soziale Medien, Plattformen und nicht zuletzt die Politik müssen ihre Verantwortung erkennen und handeln. Wir sind alle dafür verantwortlich, wenn wir Hetze sehen und nicht eingreifen und wegschauen. Wir sind alle dafür verantwortlich, den Hass zu stoppen und ihm mit Liebe entgegenzutreten, weil es immer einen Unterschied für mindestens einen Menschen macht. Wir glauben oft, dass eine kleine Geste, ein Wort keinen großen Unterschied macht. Aber das tut es.

An dem Tag, an dem mich ein Mann beim Einkaufen rassistisch beleidigte, sprach mich wenige Minuten später eine Frau im Bus an und machte mich darauf aufmerksam, dass die Nadel, die mein Hijab zusammenhält, sich verselbstständigt hatte. Sie half mir im Bus, während ich volle Hände hatte, mein Tuch zu binden und sagte mir, wie gut es mir stehe und wie großartig sie es fände, dass es farblich mit der restlichen Kleidung abgestimmt ist. Ich fand das so bewegend und es freute mich so sehr, obwohl es eine so kleine Geste war. Das wiederum gab mir Hoffnung. Als würde mir das Leben sagen: Hey, es geht auch anders. So wie es Hass gibt, gibt es auch Liebe. Empathie ist vielleicht nicht die einzige Lösung aller Krisen, die wir aktuell haben, aber ohne Empathie wird es nicht gehen. Wir müssen uns umeinander kümmern und uns die Hoffnungen unterschiedlicher Menschen anhören und kennenlernen. Nicht nur, um anderen zu helfen, ihre Hoffnungen zu realisieren, sondern auch, damit wir erkennen, wie privilegiert wir sind, uns in Dankbarkeit üben und unserem Ziel, ein glückliches Leben zu führen, näherkommen. Wenn wir verstehen, dass unsere Hoffnungen im Grunde dieselben sind, fühlen wir uns einander viel näher und verlieren unsere Vorurteile und Fehlannahmen übereinander.

„Als die Nazis die Kommunisten holten, habe ich geschwiegen, ich war kein Kommunist. Als sie die Gewerkschafter holten, habe ich geschwiegen, ich war ja kein Gewerkschafter. Als sie die Juden holten, habe ich geschwiegen, ich war kein Jude. Als sie mich holten, gab es keinen mehr, der protestieren konnte."

Martin Niemöller, der diese Worte sagte, war ein lutherischer Pfarrer in Deutschland, der die letzten sieben Jahre der nationalsozialistischen Herrschaft im Konzentrationslager verbrachte. Wenn wir schweigen, machen wir uns alle mitschuldig an Verbrechen, die zu unseren Lebzeiten um uns passieren. Das dürfen wir nicht zulassen. Wenn wir handeln, Gutes tun, treten wir eine Welle der Menschlichkeit los und sehen zu, wie sie Früchte trägt, in den funkelnden Augen eines Kindes, im Lächeln eines Anderen, im „Danke" einer Person. Wenn wir mit offenen Augen durch die Welt gehen, erkennen wir, warum wir hier und jetzt da sind und welche Aufgabe wir haben könnten, um diese Ressourcen, die wir haben, zu nützen, um die Welt ein Stücken besser zu machen. Die Voraussetzung dafür ist aber auch immer, die eigene Komfortzone zu verlassen und Menschen kennenzulernen, die vermeintlich anders sind, ihre Geschichten zu erfahren und die Fähigkeit zu entwickeln, sich in diese hineinzuversetzen. Im Türkischen sagt man: Das Feuer brennt da, wo es hinfällt. Deswegen setzen wir uns auch eher für Menschen ein, die so sind wie wir selbst, weil wir die Betroffenheit stärker spüren. Es ist auch okay, da anzufangen, wo die Betroffenheit, die Nähe gegeben ist. Aber es ist wichtig, dass es nicht da aufhört.

Geschichten der Hoffnung

Das, was uns alle verbindet ist unser Mensch-Sein. Deswegen dürfen wir uns keinesfalls in Gruppierungen spalten lassen, in Ethnien, Nationalitäten, Geschlechter, Religionen. Denn wenn wir uns in erster Linie als Menschen betrachten und nicht als Mann/Frau, fremd/zugehörig, weiß/schwarz, Muslim/Christ usw., werden wir uns ineinander versetzen können und uns dafür einsetzen, dass es auch den anderen gut geht, deren Probleme uns auf den ersten Blick nichts angehen.

Mir ist es nicht egal, ob asiatisch gelesene Menschen in den USA erschossen werden, ob eine Frau in London durch Polizeigewalt getötet wird, ob Uiguren in Lagern eingesperrt werden, ob Kinder im Jemen verhungern oder migrantisch gelesene Menschen in Hanau hingerichtet werden. Das ist mir nicht gleichgültig, denn es trifft und betrifft auch mich, ganz egal, wie viel oder wie wenig ich mit diesen Menschen gemeinsam habe. Ich muss hinhören und ich muss mich jedes Mal wundern, wenn diese Nachrichten nichts in mir auslösen, keinen Schrecken, keine Aufmerksamkeit, keine Wut. Und genau da sehe ich auch meine Rolle als Journalistin.

Für Menschen, die kaum Gehör finden, ein Sprachrohr zu sein, auf Ungerechtigkeiten aufmerksam zu machen und diejenigen zu konfrontieren, die die Macht haben und etwas bewirken können. Ebenso sehe ich es als meine Pflicht, Hoffnungen von Menschen in den Mittelpunkt zu rücken ins Bewusstsein anderer Menschen, die womöglich privilegierter sind und nicht wissen, was andere durchmachen. Vor allem aber auch immer wieder auf das Gute, das Mut machende, das Positive hinzuweisen und damit klarzumachen: Es ist nichts verloren, solange wir einander zuhören, uns für die Geschichten anderer interessieren und immer wieder erkennen, dass wir nicht frei sind und niemals frei sein werden, wenn wir uns nicht für andere einsetzen, für deren Freiheit, deren Selbstbestimmung und deren Kampf. Die Hoffnungen anderer zu kennen und diese zu nähren, das müssen wir alle erlernen. Ob im Großen oder im Kleinen ist egal, wichtig ist, dass jeder bei sich selbst anfängt und sich Gedanken darüber macht, was er tun kann.

Unterschiedliche Menschen, ihre Sorgen, Anliegen und Lebensumstände ernst zu nehmen und für Verständnis zu sorgen, das ist Liebe, das ist Anerkennung und die brauchen wir, damit wir Hoffnung nähren und als Gesellschaft zusammenrücken. Journalisten haben die Verpflichtung die Realität abzubilden. Auch wenn sich schlechte Nachrichten besser verkaufen lassen, müssen sie für einen Ausgleich sorgen und auch nach positiven Stories Ausschau halten. Weil wir Wirklichkeit nicht nur abbilden, sondern diese auch gleichzeitig schaffen. Indem wir unserer Funktion als Gate-Keeper nachkommen, Themen auswählen, uns für bestimmte Experten entscheiden und aus unserer Perspektive berichten. Wie wir über Menschen berichten, das hat Auswirkungen auf uns als Gesellschaft und darauf, ob wir ein Gefühl der Nähe entwickeln oder ob wir Ängste verspüren und damit spalten.

Zu jeder Negativschlagzeile, davon bin ich überzeugt, gibt es auch positive Aspekte, die wir beleuchten können, um Hoffnung zu geben. Konstruktiver Journalismus zeigt Perspektiven auf und bietet Lösungen an. Es ist ein Journalismus, der zeigt, was funktioniert und nicht nur auf das Problembehaftete hinweist. Journalismus hat die Aufgabe, ein breites Spektrum der Wirklichkeit abzubilden und dafür braucht es viele unterschiedliche Perspektiven, die unsere vielfältigen Lebensrealitäten darstellen. Journalismus sollte nicht nur auf Krisen, Machtmissbrauch und Probleme hindeuten und diese analysieren und dadurch auch indirekt Ängste schüren, sondern auch Hoffnung machen. Ermutigende Geschichten von Menschen, die zeigen, wie es gehen kann, machen einen Unterschied. Der Vertrauensverlust in die Medien ist ein großes Problem, dem auch mit einem hoffnungsvolleren Zugang zum Journalismus entgegengewirkt werden kann. Medien haben die Aufgabe, weiterhin kritisch zu sein und kritisch zu berichten, aber sie müssen auch lernen, Lösungen anzubieten, Menschen mitzunehmen und teilhaben zu lassen, neue Perspektiven zu zeigen. Sie müssen transparenter werden und die Gesellschaft besser abbilden, damit sie glaubwürdig sind. Es geht nicht darum, Probleme zu verschweigen, sondern darum, aufzuzeigen, dass es Wege aus den Krisen gibt und dass diese Wege bereits beschritten werden. Konstruktive Ansätze sind wichtig, vor allem an Orten, an denen die Hoffnung zunehmend schwindet.

Daher muss es unser Ziel sein und bleiben, Marginalisierten eine Stimme zu geben, nach der Meinung der Stillen zu fragen. Wir müssen uns fragen, wer hat nicht gesprochen, wem wird nicht zugehört, wer ist betroffen – und diese Menschen für sich selbst sprechen lassen. Damit ihre Perspektive nicht verloren geht. Die Bedingung dafür ist, dass wir einander kennenlernen, voneinander wissen und uns ineinander hineinversetzen können. Es gibt so viele Missstände auf dieser Welt, die aufgedeckt werden müssen, damit wir sie aufheben können. Doch erst gilt es, dafür ein Bewusstsein schaffen und die Aufmerksamkeit der Öffentlichkeit darauf zu lenken, weil all unsere Geschichten es wert sind, erzählt zu werden.

Gemeinsames Hoffen

Das Thema Hoffnung begleitet mich nun bald ein Jahr. Ich erkenne, wie die Brücke, die Hoffnung, mich trägt und mich mit einem Ort verbindet, an dem ich gerne wäre. Ich erkenne, wie wichtig die Spannung ist, die ich aushalten musste, um hier anzukommen und ich erkenne, wie unheimlich wichtig echte Begegnungen sind.

Ich habe mich viel damit beschäftigt, was Hoffnung ist, wie wir einen hoffnungsvollen Zustand erreichen können und bin zur Erkenntnis gelangt, dass Hoffnungen einen eigenen Lebenszyklus haben, sie werden geboren und sterben wieder. Ich habe erlebt, dass Hoffnungen sich ändern, und wir uns mit unseren Hoffnungen. Ich habe gelernt, dass unser Leben weitergeht, wenn eine bestimmte Hoffnung unerfüllbar bleibt, dass dies uns aber manchmal Sinn im Leben gibt oder dass dies erst neue Hoffnungen möglich macht. Ich habe herausgefunden, was auch mir persönlich Hoffnung gibt und wie wichtig es ist, auch mal zurückzublicken, sich gegenseitig Zuversicht zu geben, an schönen Erinnerungen festzuhalten, damit ein hoffnungsvolles Morgen immer wieder möglich ist.

Hoffnung sollte keine Frage der Macht sein. Wir sollten keine Gesellschaft anstreben, in der es um den Kampf um Durchsetzung geht, wie Nietzsche es beschrieb. Auch wenn wir von der Hoffnung auf eine gerechte Gesellschaft manchmal weit entfernt sind, müssen wir an ihr festhalten. Unsere Hoffnungen sollten uns unabhängig von unserem Pass, unserer Hautfarbe, unserer Religion, Ethnie oder sozialem Status miteinander verbinden. All die Geschichten, die ich hier festhalte, erzählen von Menschen, die nicht aufgeben, Menschen, die etwas tun, damit ihre Hoffnung weiterlebt. Sie laufen nicht weg, sie verschließen ihre Augen nicht vor einer Realität, die ihnen nicht gefällt. Nein, sie bleiben, wo sie sind, sie stehen auf, sie werden laut, sie handeln. Und so schaffen sie es, Hoffnung zu haben und Hoffnung zu geben.

Hoffnung zu haben bedeutet auch, bestimmte Träume aufzugeben und offen für neue Wege zu sein. Nicht dem momentan Unmöglichen hinterherzutrauern, sondern den Blick nach vorne zu richten. Denn immer, wenn eine Tür zugeht, öffnen sich viele weitere. Wir können sie nur manchmal nicht sehen, wenn wir unseren Blick zu lange auf die verschlossene richten, nach hinten blicken und nicht nach vorne schauen.

Damit wir einander Hoffnung geben können, müssen wir unsere eigenen Privilegien erkennen und unsere Position hinterfragen. Es ist nicht mein Verdienst, in Wien auf die Welt gekommen zu sein, die Möglichkeiten zu haben, die ich hatte. Ich hätte in Libyen oder in Syrien oder Somalia auf die Welt kommen können, dann wären meine Hoffnungen andere geworden. Ich bin privilegiert – und mir das bewusst zu machen, ist wichtig, damit ich dankbar für all das sein kann, was ich habe und geben kann, ohne zu zögern.

Kant sah die Gerechtigkeit als Bedingung der Hoffnung. Damit jeder hoffen kann, müssen wir aber die Voraussetzungen dafür schaffen. Wir tragen Verantwortung füreinander. Was uns Hoffnung gibt, sind Werte wie füreinander da zu sein, die Offenheit, die Hilfsbereitschaft sowie der Glaube und das Vertrauen, wie Psychologe Andreas Krafft im Gespräch sagte. An diesen Werten müssen wir als Gesellschaft festhalten, damit Hoffnung für alle möglich ist. Denn es ist nur die Hoffnung, die uns in die Lage versetzt nicht aufzugeben, Lösungen für Krisen zu finden und Spannungen auszuhalten.

Wir durchleben alle unterschiedliche Krisen in unserem Leben. Oft sind es Verluste, die Krisen auslösen. Wir verlieren Menschen an den Tod, wir verlieren Beziehungen, wir verlieren unsere eigene Gesundheit, die Liebe unseres Lebens, unsere Sicherheit, unsere Wohnung, unseren Job. Das gehört zum Leben dazu. Wir wissen wenig voneinander, denn wo haben wir denn schon geschützte Räume, in denen wir uns, unsere Verwundbarkeit offenbaren können, ohne dass wir verurteilt werden oder Angst haben müssen, dies könnte gegen uns verwendet werden. Wir wissen wenig voneinander, von unseren tiefsten Ängsten, Wunden und Hoffnungen. Und wir sind alle gezeichnet vom Leben, von Krisen, von Schicksalsschlägen, die uns zu dem machten, wer wir heute sind.

Soziale Beziehungen sind die Basis für die Hoffnung. Die Kompetenz zu hoffen basiert auf der Fähigkeit zu vertrauen und dem Erleben verlässlicher Bindungen. Und das schon seit frühester Kindheit, indem ein Kind durch die Eltern angenommen, behütet und geliebt wird, aber auch mit seinen eigenen Handlungen bewirken kann, dass seine Bedürfnisse durch seine Umwelt befriedigt werden. Hoffnungslosigkeit aber entwickelt sich, wenn ein Mensch misstraut und Hilflosigkeit erlebt. Hoffnungsvolle Menschen aber zeichnen sich durch hohe soziale Verbundenheit aus, durch Vernetzung und die

Fähigkeit und den Willen aus. Es sind soziale Ressourcen, die Hoffnung nähren. So betonen die Psychologen Snyder und Cheavens, dass Hoffnung erlernbar und trainierbar ist. Hoffnung, Vertrauen, Zuversicht, Optimismus deuten auf eine positive Haltung zur Zukunft. Hoffnungsvolle Menschen gehen grundsätzlich mit einer positiven Einstellung an Dinge heran. Sie hoffen das Beste und tun ihr Mögliches, um ihre Ziele zu erreichen. Das führt dazu, dass sie ein klares Bild von der Zukunft haben und wie sie sie sich vorstellen. Und wenn etwas nicht klappt, versuchen sie trotz Herausforderungen, Rückschlägen und Enttäuschungen optimistisch in die Zukunft zu blicken. Auch das deutet darauf hin, dass wir ohneeinander nicht hoffnungsvoll sein können und dass wir einander brauchen.[9]

Solidarisches Hoffen

„*We can disagree and still love each other unless your disagreement is rooted in my oppression and denial of my humanity and right to exist.*"

James Baldwin, Schriftsteller

Wie aber kann die eigene Hoffnung nicht im Wege der Hoffnung anderer stehen? Wie können wir als Gesellschaft es schaffen, dass wir unsere Hoffnungen gegenseitig nähren und stärken?

Wenn wir aufhören aneinander zu denken, uns auf Augenhöhe zu begegnen und Liebe zu verbreiten, können wir nicht erwarten, dass der Hass, der sich bereits mitten in der Gesellschaft ausgebreitet hat, aufhört, Einzug in unsere Herzen zu nehmen. Diesem Hass können wir nur mit Liebe begegnen. Je mehr Liebe, Empathie und Solidarität in uns und in unserer Gesellschaft Platz findet, desto weniger finden Menschen Platz, die Hass und Hetze zu verbreiten um die Gesellschaft zu spalten. Wir müssen lernen einander zu lieben, empathisch und in der Folge solidarisch zu sein, damit wir auf ein besseres Morgen hoffen können.

Es gibt keine Hoffnung für benachteiligte Bevölkerungsgruppen, marginalisierte Randgruppen in unserer Gesellschaft, weil sie nicht hoffen können, was wir hoffen können, weil sie nicht das Privileg haben zu hoffen. Auf ein diskriminierungsfreies Leben, auf Chancengleichheit in der Bildung, auf einen sozialen Aufstieg. Weil es so viele Menschen gibt, die aufgrund ihrer Nationalität, ihres Passes, ihres Geburtsortes, ihrer Religion, nicht hoffen können, müssen wir uns als Gesellschaft überlegen, wie wir das ändern können. Und das werden wir nur, indem wir Orte der Begegnung schaffen, in denen wir einander zuhören, ohne Vorurteile, ohne voreingenommen zu sein, damit wir erfahren, was andere Menschen bewegt, was sie umtreibt und was ihre Ziele sind.

Als Menschheit, als Weltgemeinschaft, aber auch als Gesellschaft brauchen wir eine gemeinsame Hoffnung, eine Hoffnung, die uns alle inkludiert und niemanden ausschließt. Eine Vision, die uns alle mitdenkt und niemanden benachteiligt. Ohne eine gemeinsame Vision, wie unsere Zukunft aussehen soll, ist es schwierig, gemeinsam an einem Strang zu ziehen und die Hoffnung eines jeden Einzelnen zu stärken.

Um unserer Verantwortung für übermorgen gerecht zu werden, als Individuen, als Gesellschaft, aber auch global, müssen wir bestehende Mauern einreißen. Wir dürfen nicht weiter weglaufen vor ungelösten Problemen, wir müssen uns mit ihnen konfrontieren und die Ängste überwinden, die uns davon abhalten, Brücken zueinander zu bauen. Denn das ist die wichtigste Aufgabe, damit wir einander näherkommen können. Wir müssen unsere eigenen Vorurteile über den anderen, aber auch unsere Hoffnungen und Sorgen kurz parken und frei von allem den Menschen auf der Brücke begegnen. Hier können wir in die Welt des anderen eintauchen und ihn verstehen lernen.

Auf andere Menschen zuzugehen bedeutet auch, Verständnis füreinander zu haben, ohne einander zwingend verstehen zu müssen oder ändern zu wollen. Es geht nicht darum, dass wir einander überzeugen, sondern darum, dass wir einander kennen und lieben lernen.

Die gute Botschaft zum Schluss: Es gibt Hoffnung. Das Gute lebt mit uns und die positive Veränderung kann gelingen, wenn wir gemeinsam daran arbeiten. Nach Taten wie in Hanau erleben wir ein Aufwachen, eine Welle der Solidarität und wir sehen, wie liebevoll wir zueinander sein können. Ich werde die Momente am Westbahnhof in Wien 2015 niemals vergessen. Weil sie mir gezeigt haben, was alles in uns steckt. An gutem Willen, an Nächstenliebe, an Hilfsbereitschaft, Empathie und Solidarität. Wir können anders. Wir können herzlich und liebevoll sein, wir können geben und teilen, ohne Angst zu haben, selbst dadurch etwas zu verlieren. Wer gibt, dessen Besitz vermehrt sich, das glaube ich als Muslimin. Das, was ich gebe, das bleibt mir, das, was ich für mich behalte, das ist verloren. Liebevoll zueinander zu sein setzt voraus, dass wir uns selbst lieben, dass wir einen liebevollen Umgang mit uns selbst pflegen und uns unsere eigenen Fehler verzeihen. Wir sind nicht perfekt und werden es nie sein. Genau diese Erkenntnis, diese Demut brauchen wir, damit wir einander wohlwollend begegnen und Liebe und Hoffnung verbreiten.

Wenn wir lernen auf das Gute zu achten, in uns und in den anderen, aber auch in den Umständen und in der Zeit, in der wir leben, wächst das Gute.

Aus unserem Privileg, mehr als andere hoffen zu dürfen, entspringt die Verantwortung, etwas für die Hoffnungen anderer zu tun. Es ist der liebevolle Umgang mit uns selbst und mit den anderen, der uns ermöglicht, dieser Verantwortung gerecht zu werden und einen Weg zu finden, um die gemeinsamen Hoffnungen und die Hoffnungen anderer zu bestärken und zu verwirklichen. Liebe schafft Vertrauen, in sich selbst und in andere. Vertrauen, dass alles gut werden kann, oder zumindest besser als es jetzt ist. Liebe schafft Zusammenhalt und so können wir die Motivation haben, die wir brauchen, um uns für ein besseres Morgen einzusetzen und Verantwortung zu übernehmen.

Und jetzt sind Sie dran: Was sind Ihre Hoffnungen und wie wollen Sie andere dabei unterstützen, ihre Hoffnungen zu realisieren?

Danksagung

Ohne die vielen Gesprächen über die Hoffnung mit vielen unterschiedlichen Personen wäre dieses Buch nicht möglich gewesen. Ich danke also in erster Linie den Expert:innen: dem Zukunftsforscher Andreas Krafft, den Philosoph:innen Claudia Blöser und Konrad Paul Liessmann, der Linguistin Ruth Wodak, meiner Professorin, Politologin Birgit Sauer. Dem Srebrenica-Überlebenden Nedžad Avdić, der Exil-Uigurin Nur Aydin, der Antirassismus-Aktivistin Dunia Khalil, der Familienangehörigen der Hanau-Opfer Saida Hashemi – all jenen, die mir ihre Geschichten und Hoffnungen anvertraut haben.

Der Dank gilt ebenso meiner Familie, die mich stets unterstützt und mir bei all meinen Vorhaben und Projekten beisteht: Papa, Jasmin, Sherin, Karim. Danke auch meinen Freund:innen, die sich meine Gedanken immer wieder angehört haben und mit denen ich jederzeit über die Hoffnung sprechen konnte: Leonie, Nehal, Ahmed, Kübra, Louise. Meine Inspiration.

Ein großes Dankeschön auch meiner Verlegerin und Lektorin Stefanie Jaksch, ohne die das Buch, die Idee, nicht entstanden wären. Merci für die vielen aufschlussreichen Besprechungen und deine Meinung, die mich immer bereichert.

Mein Dank gilt jedem Menschen, der mir auf meinem bisherigen Werdegang Türen öffnete und mir half, Steine aus dem Weg zu räumen. Aber auch jedem, der versuchte, mir den Weg schwerer zu machen oder mich davon überzeugen wollte, lieber nicht zu hoffen. Durch diese Menschen habe ich gelernt, an meinen Träumen festzuhalten, niemals aufzugeben und neue Hoffnungen zu generieren.

Ich danke meinen Lehrer:innen aus meiner Schulzeit, Christian More und Mario Heinisch. Fürs Hoffnung machen und Mut zusprechen.

Danke jedem Menschen, der versucht, die Welt zu einem besseren Ort zu machen, indem er und sie vertraut, liebt und hofft und andere dazu bringt, zu vertrauen, zu lieben und zu hoffen.

Anmerkungen

1 https://www.nahaufnahmen.ch/2013/08/27/begriff-hoffnung/

2 https://weiterdenken.ch/2010/08/29/hoffnung-eine-psychologische-einfuhrung/

3 Der Tugendkreis der Hoffnung: Empirische Erkenntnisse und konzeptionelle Schlussfolgerungen aus 9 Jahren Hoffnungsbarometer, https://www.dach-pp.eu/content/andreas-krafft

4 Der internationale Gerichtshof hat es als Völkermord deklariert.

5 https://www.amnesty.de/informieren/blog/serbien-srebrenica-20-jahre-nach-dem-voelkermord https://www.srebrenica.org.uk/survivor-stories/saliha-osmanovic/

6 https://www.spiegel.de/kultur/hanau-die-bedrohung-ist-allgegenwaertig-ein-kommentar-von-naika-foroutan-a-9aeb9146-93dc-4dce-94bc-4f08fb119a1f?fbclid=IwAR1ISC3UTeTiRwpcvNW5xqMCbm8OKvOeV7lb7WbRietEaB6m8vgn-7phHi34

7 https://www.zdf.de/nachrichten/politik/usa-proteste-polizeigewalt-rassismus-100.html

8 Du Bois, W.E.B. (1996 [1903]): The Souls of Black Folk, in: Sundquist, Eric J. (Hg.), The Oxford W. E. B. Du Bois reader, New York, NY: Oxford University Press, S. 97-240.

9 www.weiterdenken.ch

Quellen

Literatur

- Bovens, Luc (1999): The value of hope. In: Philosophy and Phenomenological Research 59 (3), S. 667-681
- Dalferth, Ingolf U. (2016): Hoffnung. Grundthemen der Philosophie: De Gruyter Verlag
- Du Bois, W. E. B. (1996 [1903]): The Souls of Black Folk, in: Sundquist, Eric J. (Hg.), The Oxford W. E. B. Du Bois reader, New York, NY: Oxford University Press, S. 97-240
- Manson, Mark (2020): Everything is fucked. A book about hope: riva Verlag
- Lukas, Fred (2020): Hoffnung. Über Wandel, Wissen und politische Wunder: metropolis Verlag
- Maier, S. F. & Seligman, M. E. P. (2016): Learned helplessness at fifty. Insights from neuroscience. Psychological Review, 123 (4), 349-367
- Khorsand, Solmaz: Pathos (2020), Kremayr und Scheriau
- Ritter, Joachim, Gründer, Joachim: Historisches Wörterbuch der Philosophie, 12 Bände, Basel u.a., 1971-2004

Links

- https://www.deutschlandfunkkultur.de/der-einfluss-des-glaubens-auf-die-psyche-hochreligioese.1278.de.html?dram:article_id=342047
- https://www.zdf.de/nachrichten/politik/usa-proteste-polizeigewalt-rassismus-100.html
- https://www.ndr.de/fernsehen/sendungen/zapp/Zehn-Jahre-Sarrazins-Thesenpraegen,sarrazin166.html
- https://www.erziehungskunst.de/fileadmin/archiv_alt/2009/p003ez0309-285-289-bergmann.pdf
- https://www.spiegel.de/kultur/hanau-die-bedrohung-ist-allgegenwaertig-ein-kommentar-von-naika-foroutan-a-9aeb9146-93dc-4dce-94bc-4f08fb119a1f?fbclid=IwAR1ISC3UTeTiRwpcvNW5xqMCbm8OKvOeV7lb7WbRietEaB6m8vgn7phHi34
- https://www.amnesty.de/informieren/blog/serbien-srebrenica-20-jahre-nach-dem-voelkermord
- https://www.srebrenica.org.uk/survivor-stories/saliha-osmanovic/
- https://www.zeit.de/gesellschaft/zeitgeschehen/2021-03/tareq-alaows-rassismus-die-gruenen-bundestag
- https://www.uno-fluechtlingshilfe.de/informieren/fluechtlingszahlen/

- https://www.nahaufnahmen.ch/2013/08/27/begriff-hoffnung/
- https://www.dach-pp.eu/content/andreas-krafft
- Weiterdenken
- https://www.charakterstaerken.org/VIA_Interpretationshilfe.pdf

Foto © Susanne Schleyer

Nermin Ismail

geboren 1991 in Wien, studierte Politikwissenschaft und Pädagogik. Die Journalistin arbeitet nach Stationen bei *Der Standard*, *Die Presse*, verschiedenen Redaktionen des ORF, der Deutschen Welle und *Zeit Online* derzeit beim Südwestrundfunk in Stuttgart. Mit ihren Büchern „Ungehörte Stimmen“ und „Etappen einer Flucht“ verleiht sie jenen eine Stimme, die sonst wenig Beachtung finden. 2016 erhielt sie den niederösterreichischen Journalistenpreis. Für die Neuen deutschen Medienmacher setzt sie sich für mehr Diversität in den Redaktionen ein.

Erhard Busek
Muamer Bećirović

Heimat

Was ist Heimat?

Unter welchen Voraussetzungen entsteht ein Heimatgefühl? Wie hat sich die Bedeutung des Begriffs historisch verändert? Und wie können wir aus der Geschichte für die Zukunft lernen? Zwischen Erhard Busek und Muamer Bećirović liegen fast zwei Generationen. Was die beiden jedoch verbindet: Sie denken voraus. Und liefern Ideen zur Gestaltung einer österreichischen, europäischen und globalen Heimat.

K&S übermorgen • ISBN 978-3-218-01239-3 • 18,00 €

www.kremayr-scheriau.at

ISBN 978-3-218-01284-3

Linolschnitt, Schutzumschlaggestaltung,
typografische Gestaltung und Satz: Sheila Ehm
Reihen-Konzept & Lektorat: Stefanie Jaksch
Druck und Bindung: FINIDR s.r.o., Český Těšín